V A T H E K.

A L A U S A N N E,

Chez Isaac Hignou & Compe.

M. DCC. LXXXVII.

A V I S.

L'Ouvrage que nous préfentons au public a été compofé en François, par M. BECKFORD. L'indifcrétion d'un homme de Lettres à qui le manufcrit avoit été confié, il y a trois ans, en a fait connoître la traduction angloife avant la publication de l'original. Le Traducteur a même pris fur lui d'avancer, dans fa Préface, que Vathek étoit traduit de l'Arabe. L'Auteur s'infcrit en faux contre cette affertion, & s'engage à ne point en impofer au public fur d'autres ouvrages de ce genre qu'il fe propofe de faire connoître ; il les puifera dans la collection pré-

cieuse de manuscrits orientaux laissés par.
feu M. Worthley Montague , & dont les
originaux se trouvent à Londres chez M.
Palmer , Régisseur du Duc de Bedford.

VATHEK

VATHEK.

VATHEK, neuvieme Calife de la race des Abbaſſides, étoit fils de Motaſſem, & petit-fils d'Haroun Al-Rachid. Il monta ſur le trône à la fleur de ſon âge; & les grandes qualités qu'il poſſédoit déja, faiſoient eſpérer à ſes peuples que ſon regne ſeroit long & heureux. Sa figure étoit agréable & majeſtueuſe: mais quand il étoit en colere, un de ſes yeux devenoit ſi terrible qu'on n'en pouvoit ſoutenir les regards, & le malheureux ſur lequel il les fixoit, tomboit à la renverſe, & quelquefois même expiroit à l'inſtant: auſſi, dans la crainte de dépeupler ſes états, & de faire un deſert de ſon palais, ce prince ne ſe mettoit en colere que très-rarement,

A

Comme il étoit fort adonné aux femmes
& aux plaifirs de la table, il cherchoit par
fon affabilité à fe procurer des compagnons
agréables ; en quoi il réuffiffoit d'autant
mieux que fa générofité étoit fans bornes,
& fes débauches fans retenue ; il n'étoit nul-
lement fcrupuleux , & ne croyoit pas comme le Calife Omar Ben Abdalaziz , qu'il
fallut fe faire un enfer de ce monde pour
avoir le paradis dans l'autre.

Il furpaffa en magnificence tous fes pré-
déceffeurs : le palais d'Alkorremi que fon
pere Motaffem avoit fait bâtir fur la colline
des Chevaux Pies , & qui commandoit
toute la ville de Samarah , ne lui parut pas
affez vafte ; il y ajouta cinq ailes ou plutôt
cinq autres palais, qu'il deftina à la fatis-
faction particuliere de chacun des fens.

Dans le premier de ces palais, les tables
étoient toujours couvertes des mets les plus
exquis qu'on renouvelloit nuit & jour, à
mefure qu'ils étoient confumés; tandis que
les vins les plus délicats & les plus excellentes liqueurs, couloient à grands flots de
cent fontaines qui ne tariffoient jamais : ce

palais s'appelloit le *Feſtin éternel* ou *l'Inſa-tiable.*

On nommoit le ſecond palais, le *Temple de la Mélodie,* ou le *Neĉtar de l'ame.* Il étoit habité par les plus habiles muſiciens & les plus grands poëtes de ce temps, qui non ſeulement exerçoient leurs talens dans ce lieu, mais ſe diſperſant par bandes, faiſoient retentir tous ceux d'alentour de leurs chants toujours variés.

Le palais nommé les *Délices des yeux,* ou *le Support de la mémoire*, n'étoit qu'un enchantement continuel. Des raretés, raſſemblées de tous les coins du monde, s'y trouvoient dans une profuſion qui auroit ébloui, ſans l'arrangement avec lequel elles étoient étalées. On y voyoit une galerie de tableaux du célebre Mani, & des ſtatues qui paroiſſoient animées. Là, une perſpective bien ménagée charmoit la vue; ici, la magie de l'optique la trompoit agréablement, tandis que le naturaliſte déployoit d'un autre côté les divers dons que le ciel a fait à notre globe. Enfin, Vathek n'avoit rien omis dans ce palais, de ce qui pouvoit

contenter la curiofité de ceux qui le vifi-
toient, quoique la fienne ne fût pas fatis-
faite; car il étoit le plus curieux de tous
les hommes.

Le palais *des Parfums*, qu'on appelloit
auffi l'*Aiguillon de la volupté*, étoit divifé
en plufieurs falles où brûloient continuellement, dans des caffoletes d'or, les différens parfums que la terre fournit : des flambeaux & des lampes aromatiques y étoient
allumées, même en plein jour; mais on
pouvoit diffiper l'agréable yvreffe dans laquelle on y tomboit, en defcendant dans
un vafte jardin, où l'affemblage de toutes
les fleurs odoriférantes faifoit refpirer l'air
le plus fuave & le plus pur.

Dans le cinquieme palais, nommé le *Ré-
duit de la joie*, ou *le Dangereux*, étoient plufieurs troupes de jeunes filles, belles comme les Houris & prévenantes comme elles,
qui ne fe laffoient jamais de bien-recevoir
tous ceux que le Calife vouloit admettre en
leur compagnie; il n'en étoit point jaloux,
ayant fes propres femmes dans l'intérieur
du palais qu'il habitoit.

Malgré toutes les voluptés où Vateck fe
plongeoit, il n'en étoit pas moins aimé de
fes peuples, qui croyoient qu'un Souverain
qui fe livre au plaifir n'eft pas moins propre à gouverner, que celui qui s'en déclare l'ennemi. Son caractere ardent & inquiet ne lui permit pas d'en refter là. Il
avoit tant étudié pour s'amufer, du vivant
de fon pere, qu'il favoit beaucoup; mais
ce n'étoit pas affez pour lui; il vouloit
tout favoir, même les fciences qui n'exif-
toient pas. Il aimoit à difputer avec les
favans; mais il ne vouloit pas qu'ils pouf-
faffent trop loin la contradiction: auffi fer-
moit-il la bouche aux uns par des préfens,
tandis que ceux dont l'opiniâtreté ne pouvoit être vaincue par fa libéralité, étoient
envoyés en prifon pour calmer leur fang;
remede qui fouvent réuffiffoit.

Vathek voulût auffi fe mêler des que-
relles théologiques, & ce ne fut pas pour
le parti généralement regardé comme Or-
thodoxe qu'il fe déclara. Il mit par là tous
les dévots contre lui: alors il les perfécuta;

càr il vouloit, à quelque prix que ce fut, avoir toujours raifon.

Le grand Prophète Mahomet, dout les Califes font les Vicaires, étoit indigné dans le feptieme ciel qu'il occupe, de la conduite irréligieufe d'un de fes fucceffeurs. Laiffons-le faire, dit-il aux génies qui font toujours prèts à recevoir fes ordres; voyons où ira fa folie & fou impiété; s'il en fait trop, nous faurons bien le chàtier. Aidez-lui à bâtir la tour qu'à l'imitation de Nimrod, il a commencé d'élever, non comme ce grand guerrier pour éviter d'ètre noyé, mais par l'infolente curiofité de pénétrer dans les fecrets du ciel; il ne devinera pas le fort qui l'attend.

Les génies obéirent, & quand les ouvriers élevoient pendant le jour la tour d'une coudée, ils y en ajoutoient deux pendant la nuit. La rapidité avec laquelle cette tour fut conftruite, flatta la vanité de Vathek; il croyoit que mème la matiere infenfible fe prètoit à fes deffeins; il ne confidéroit pas que les fuccès de l'infenfé &

du méchant, font les premieres verges dont ils font frappés.

Son orgueil parvint à fon comble lorſqu'ayant, pour la premiere fois, monté les onze mille degrés de fa tour, il regarda en bas, & vit que les hommes paroiſſoient des fourmis, les montagnes des coquilles, & les villes des ruches d'abeilles. L'idée qu'une telle élévation lui donna de fa propre grandeur, acheva de lui tourner la tête ; il étoit prêt à s'adorer lui-même, lorſqu'en levant les yeux il s'apperçut que les aſtres étoient auſſi éloignés de lui, que lorſqu'il étoit au niveau de la terre. Il fe confola cependant du fentiment involontaire de fa petiteſſe par la penſée de paroître grand aux yeux des autres, & fe flatta que les lumieres de fon eſprit furpaſſeroient la portée de fes yeux, & qu'il feroit rendre compte aux étoiles des arrêts de fa deſtinée.

Pour cet effet, le prince curieux paſſoit la plupart des nuits fur le fommet de fa tour ; il fe crut enfin parfaitement initié dans les myſteres aſtrologiques : il s'imagina que les planetes lui annonçoient les plus merveil-

leufes avantures , & qu'un homme extraordinaire venant d'un pays dont on n'avoit
jamais entendu parler , en feroit le héraut.
Sa curiofité l'avoit toujours rendu très-civil
envers les étrangers ; mais alors il redoubla d'attention pour eux , & fit publier à
fon de trompe dans les rues de Samarah ,
qu'aucun de fes fujets n'eût à retenir , ni
à loger les voyageurs, mais qu'ils devroient
être incontinent amenés à fon palais.

Quelque temps après cette proclamation,
arriva un homme fi effroyable que les gardes , qui d'abord s'en emparerent , furent
obligés , en le conduifant au palais, de fermer les yeux pour ne pas le voir. Le Calife lui-même parut étonné à fon horrible
afpect : mais la joie fuccéda à cet effroi involontaire , quand l'inconnu étala devant
lui des raretés telles qu'il n'en avoit jamais
vues , & dont il n'avoit pas même conçu la
poffibilité.

Rien , en effet , n'étoit plus extraordinaire que les marchandifes de l'Étranger ;
la plupart de fes bijoux , qui étoient auffi
bien travaillés que magnifiques , avoient

outre cela une vertu particuliere décrite sur
un rouleau de parchemin attaché à chaque
piece. Il y avoit des pantoufles qui aidoient
aux pieds à marcher ; des couteaux qui cou-
poient sans le mouvement de la main ; des
sabres qui portoient le coup d'eux-mêmes,
au moindre geste qu'on faisoit contre celui
qu'on avoit envie de frapper ; le tout étoit
enrichi de pierres précieuses que personne
n'avoit jamais vues.

Les sabres sur-tout, dont les lames jet-
toient un feu qui éblouissoit, fixerent le
plus l'attention du Calife qui se promet-
toit de déchiffrer à loisir des caracteres in-
connus qu'on y avoit gravés des deux côtés :
ainsi, sans demander au marchand quel étoit
son prix, il commanda qu'on portat devant lui tout l'or monnoyé qui étoit dans
son trésor, & lui dit d'en prendre ce qu'il
voudroit ; ce que celui-ci fit assez modéré-
ment, & toujours en gardant un profond
silence.

Vathek ne doutant point que le silence
de l'Inconnu ne fut causé par le respect que
lui inspiroit sa présence, le fit avancer avec

bonté, & lui demanda d'un air affable, qui
il étoit, d'où il venoit, & où il avoit acquis de fi belles chofes. L'homme, ou plutôt le monftre, au lieu de répondre à ces
queftions, frotta trois fois fon front, qui
ainfi que tout fon corps étoit plus noir
que l'ebene ; frappa quatre fois fur fon
ventre dont la circonférence étoit énorme ;
ouvrit de grands yeux qui paroiffoient
deux charbons ardents ; & enfin fe mit à
rire avec un bruit affreux en montrant de
larges dents de couleur d'ambre, rayées
de vert.

Le Calife, quoiqu'un peu ému, répéta
fa demande & n'en reçut que la même ré-
ponfe : alors ce prince, commençant à s'im-
patienter s'écria ; fais-tu bien, maraud, qui
je fuis, & de qui tu te joues ? Et vous,
continua-t-il en parlant à fes gardes, l'avez-
vous entendu parler ? feroit-il muet ? Il a
parlé, répondirent-ils, mais il n'a pas dit
grand-chofe. Eh bien, qu'il parle encore,
reprit-il, qu'il parle comme il pourra, &
me dife qui il eft, d'où il vient, & d'où
il a apporté les étranges curiofités qu'il m'a

offertes ; ou je jure par l'âne de Balaam que
je le ferai répentir de fon obftination.

En difant ces mots, le Calife ne pût s'empêcher de lancer un de fes regards irrités,
& fi dangereux, fur l'Inconnu. Celui - ci
n'en perdit pas même contenance, quoiqu'il eût les yeux fixés fur l'œil terrible
& meurtrier.

On ne peut exprimer l'étonnement des
courtifans, quand ils s'apperçurent que l'in-
civil marchand foutenoit une telle épreuve.
Ils s'étoient tous profternés la face contre
terre pour ne pas s'expofer à perdre la vie,
& ils demeuroient dans la même pofture,
quand le Calife leur dit d'un ton furieux :
levez-vous, poltrons, faififfez-vous de ce
miférable, qu'il foit conduit en prifon &
gardé à vue par mes meilleurs foldats ; mais
qu'on emporte avec lui l'argent que je viens
de lui donner ; je ne veux pas lui ravir fon
bien ; je veux feulement qu'il parle.

A ces mots, on tomba de tous côtés fur
l'Étranger, on le garrotta de fortes chaines,
& on le conduifit dans la prifon de la grande
tour : elle étoit entourée de fept enceintes

de barreaux de fer, garnis de pointes auſſi longues & auſſi acérées que des broches.

Le Calife demeura cependant dans la plus violente agitation; il ne parloit point; à peine voulut-il ſe mettre à table, où il ne mangea que de trente deux plats ſur les trois cents qui lui étoient tous les jours préſentés.

Cette diete, à laquelle il n'étoit pas accoutumé, l'auroit ſeule empêché de dormir. Quel effet ne dût-elle pas avoir, étant jointe à l'inquiétude qui le poſſédoit! Auſſi dès qu'il fût jour, il courut à la priſon pour faire de nouveaux efforts auprès de l'entêté Inconnu; mais ſa rage parvint à ſon comble quand il ne le trouva plus, & vit ſes grilles de fer briſées en morceaux & ſes gardes ſans vie. Le plus étrange délire s'étant alors emparé de lui, il ſe mit à donner de grands coups de pieds à ces pauvres cadavres qui l'entouroient, & continua pendant tout le jour à les frapper de la même force. Ses courtiſans & ſes viſirs firent tout ce qu'ils purent pour le calmer; mais voyant qu'ils n'en pouvoient pas venir à bout, ils fe mirent tous à crier : le Calife eft devenu fou, le Calife eft devenu fou.

Ce cri, qui fut bientôt répété dans toutes les rues de Samarah, parvint enfin aux oreilles de la princeffe Carathis, mere de Vathek, qui accourut toute allarmée, effayer le pouvoir qu'elle avoit fur l'efprit de fon fils. Ses pleurs & fes embraffemens réuffirent à fixer le Calife dans une même place, & bientôt, à fes inftances, il fe laiffa ramener dans fon palais.

Carathis n'eut garde d'abandonner fon fils à lui-même ; elle le fit mettre au lit, & s'étant affife auprès de lui, elle tâcha par fes difcours de le confoler & de le tranquillifer. Perfonne ne pouvoit mieux le faire qu'elle ; Vathek l'aimoit & la refpectoit, non-feulement comme une mere, mais encore comme étant douée d'un génie fupérieur. C'étoit elle qui étant Grecque de nation, lui avoit fait adopter toutes les fciences, & les fyftêmes des Grecs, fi fort en horreur parmi les bons Mufulmans.

L'aftrologie judiciaire étoit un de ces fyftêmes ; Carathis, qui le poffédoit parfaite-

ment, fit d'abord reſſouvenir ſon fils de
ce que les étoiles lui avoient promis, &
parla de les conſulter encore. Hélas ! lui
dit le Calife, dès qu'il pût parler, je ſuis
un inſenſé, non, d'avoir donné quarante
mille coups de pied à mes gardes qui ſe
ſont ſottement laiſſé mourir ; mais parce que
je n'ai pas réfléchi que cet homme extraordinaire étoit celui que les planètes m'avoient
annoncé, & qu'au lieu de le maltraiter, je
n'ai pas eſſayé de le gagner par la douceur
& les careſſes.

Le paſſé ne peut ſe rappeller, répondit
Carathis ; il faut ſonger à l'avenir ; peut-ètre
reverrez - vous celui que vous regrettez ;
peut'-ètre ces écritures qui ſont ſur les lames des ſabres, vous en apprendront des
nouvelles. Mangez & dormez, mon cher
fils, & demain nous verrons ce qu'il y aura
à faire.

Vathek ſuivit ce ſage conſeil, le mieux
qu'il put, & ſe leva le jour d'après dans
une meilleure ſituation d'eſprit. Il ſe fit
auſſi-tôt apporter les ſabres merveilleux, &
les regardant au travers d'un verre vert pour

n'en être pas ébloui, il s'efforça d'en déchifrer les caracteres; mais ce fut en vain: il eut beau se frapper la téte & se mordre les doigts, il n'en connut pas une seule lettre. Ce contretemps l'auroit fait retomber dans ses premieres fureurs, si Carathis n'étoit entrée à propos dans son appartement.

Prenez patience, mon fils, lui dit-elle; vous posfedez affurément toutes les fciences importantes: connoître toutes les langues eft une pure bagatelle qui eft du reffort des pédans. Faites publier que vous donnerez des récompenses dignes de vous à ceux qui vous expliqueront tous ces mots que vous n'entendez pas, & qu'il eft au-deffous de vous d'entendre; vous verrez que vous ferez bientôt fatisfait.

Cela peut être, dit le Calife; mais en attendant je ferai horriblement ennuyé par une foule de demi-favans, qui viendront faire cet effai, autant pour avoir le plaifir de bavarder, que pour obtenir la récompenfe. Il faut pour éviter cet inconvénient que j'ajoute, que je ferai mourir tous ceux qui ne me fatisferont pas; car, grace au ciel, j'ai affez de jugement pour voir s'ils traduifent bien, ou s'ils inventent.

Oh! pour cela, je n'en doute pas, répondit Carathis; mais faire mourir les ignorans eft une punition un peu févere & qui peut avoir de dangereufes conféquences: contentez-vous de leur faire brûler la barbe. Les barbes ne font pas fi néceffaires dans un état que les hommes.

Le Calife fe rendit encore aux raifons de fa mere: il fit incontinent appeller fon premier vifir; Morakanabad, lui dit-il, fais annoncer par un crieur public, non-feulement dans Samarah, mais encore dans toutes les villes de mon empire, que quiconque viendra me déchiffrer des caracteres qui paroiffent indéchiffrables, éprouvera la libéralité que tout le monde me connoit; mais qu'au défaut de fuccès, on lui brûlera jufqu'au moindre poil de la barbe. Qu'on publie auffi, que je donnerai cinquante belles efclaves, & cinquante caiffes d'abricots de l'ifle de Kirmith, à qui m'apprendra des nouvelles de cet homme étrange que je fouhaite de revoir.

Les

Les sujets du Calife, à l'exemple de leur
maître, aimoient beaucoup les femmes &
les caisses d'abricots de l'isle de Kirmith :
ces promesses leur firent venir l'eau à la
bouche, mais ils n'en tâterent pas ; car personne ne savoit ce qu'étoit devenu l'Etranger.

Il n'en fût pas de même de la premiere
demande du Calife ; les savans, les demi-
savans, & ceux qui n'étoient ni l'un, ni
l'autre, mais qui croyoient être tout, vinrent courageusement hazarder leur barbe,
& tous la perdirent honteusement. Les Eunuques ne faisoient autre chose que de brûler des barbes ; ce qui leur donnoit une
odeur de roussi, dont les femmes du serrail
se trouverent si incommodées, qu'il fallut
donner cet emploi à d'autres qu'à leurs
gardiens.

Enfin, un jour il se présenta un vieillard dont la barbe étoit plus longue d'une
coudée & demie : qu'aucune de celles qu'on
avoit encor vues ; les officiers du palais en
l'introduisant se disoient l'un à l'autre ; quel
dommage, quel grand dommage de brûler
une si belle barbe ! Le Calife lui - même

B

pensa à-peu-près la même chose, quand il la vit; mais il n'en eût pas le chagrin. Cet homme vénérable lût sans peine les caracteres, & les expliqua mot à mot de la maniere suivante. " Nous avons été faits dans
„ un lieu où l'on fait tout bien; nous som-
„ mes la moindre des merveilles d'un lieu
„ où tout est merveilleux & digne d'être
„ vû du plus grand Prince de la terre ".

Oh ! tu as parfaitement bien traduit, s'écria Vathek, je sais de qui ces caracteres admirables veulent parler; qu'on lui donne, poursuivit-il, autant de robes d'honneur & autant de mille sequins d'or qu'il a prononcé de mots; il a nettoyé mon cœur d'une partie du surmé qui l'enveloppoit.

Après ces paroles, Vathek invita le vieillard à dîner, & même à passer quelques jours dans son palais. Celui-ci, malheureusement pour lui, accepta cette offre; car le lendemain le Calife l'ayant fait appeller, lui dit, relis-moi ce que tu m'as lû; je ne saurois trop entendre ce qui me promet sans doute, le bien après lequel je soupire.

Le vieillard mit auſſi-tôt ſes lunettes vertes; mais elles lui tomberent du nés en appercevant que les caracteres qu'il avoit lus, le jour d'auparavant, avoient fait place à d'autres. Qu'as-tu, lui demanda le Calife? que ſignifient ces marques d'étonnement? Souverain du monde, répondit-il, les caracteres de ces ſabres ont un tout autre ſens aujourd'hui que celui qu'ils avoient hier. Que me contes-tu là! reprit Vathek, mais il n'importe, explique m'en, ſi tu peux, le ſens.

Le voici, Seigneur, dit le vieillard; " malheur au téméraire qui veut ſavoir ce " qu'il devroit ignorer, & entreprendre ce qui " ſurpaſſe ſon pouvoir ". Malheur à toi-même, s'écria le Calife tout hors de lui-même, tu n'y entens rien aujourd'hui; ſors de ma préſence; on ne te brûlera que la moitié de la barbe, parce qu'hier tu devinas bien; & quant à mes préſens, je ne reprens jamais ce que j'ai donné.

Le vieillard étoit aſſez ſage pour penſer qu'il étoit quitte à bon marché de la ſottiſe qu'il avoit faite en diſant à ſon maître, une

vérité défagréable : il fe retira auffi-tôt, &
ne reparut plus.

Vathek ne tarda pas à fe repentir de fon
impétuofité, car, quoiqu'il ne put pas lire
les caracteres, comme il les examinoit fans
ceffe, il s'appercevoit bien qu'ils chan-
geoient tous les jours, & malheureufement
perfonne ne fe préfentoit plus pour les expliquer. Cette inquiete occupation enflama
fon fang ; elle lui caufa des vertiges, des
éblouiffemens, & une foibleffe fi extrème
qu'il pouvoit à peine fe foutenir. Il ne laiffoit pas, dans cet état, de fe faire fouvent
porter à fa tour, fe flattant de lire quelque
chofe d'agréable dans les aftres qu'il alloit
confulter ; mais il fe trompa dans cet efpoir : fes yeux offufqués par les vapeurs de
fa tète, commencerent à fi mal fervir fa
curiofité, qu'il ne voyoit plus qu'un nuage
noir & épais ; ce qu'il prit pour le plus
funefte des augures.

Haraffé de tant de foucis, Vathek perdit entiérement courage ; la fievre le prit,
l'appetit lui manqua, & au lieu d'être,
comme il l'avoit été, le plus grand man-

geur de la terre, il en devint le plus grand
büveur. La foif qui le tourmentoit étoit
telle, que fa bouche, femblable à un en-
tonnoir, étoit toujours ouverte pour recevoir les liquides qu'on y verfoit, & fur-
tout l'eau fraiche qui le calmoit plus que
tout le refte.

Ce malheureux Prince ne pouvant goûter aucun plaifir, fit fermer les palais des
cinq fens, ceffa de paroître en public, d'y
étaler fa magnificence, de rendre juftice
à fes peuples, & fe retira dans l'intérieur
de fon Harem. Comme il avoit toujours
été bon mari, fes femmes fe défefpéroient
de fa fituation; elles ne fe laffoient point
de faire des vœux pour fa fanté, & de lui
donner à boire.

Cependant la princeffe Carathis, dont
l'affliction ne fauroit fe décrire, ne fe bor-
nant pas à des foupirs & à des pleurs, fe
renfermoit tous les jours avec le vifir Morakanabad, pour chercher les moyens de
guérir ou du moins de foulager le malade.
Comme ils étoient tous deux perfuadés qu'il
y avoit de l'enchantement dans fon cas, ils

feuilletoient-enfemble tous les livres de magie qui pouvoient en indiquer le remede, & faifoient chercher par-tout l'horrible Etranger qu'ils accufoient d'être l'enchanteur.

Il y avoit à quelques milles de Samarah une haute montagne couverte de thim & de ferpolet, & dont le fommet étoit couronné d'une plaine fi délicieufe qu'on l'auroit prife pour le Paradis deftiné aux fideles Mufulmans. On y trouvoit cent bofquets d'arbuftes odoriférants; cent berceaux de rofes, de jafmin & de chevrefeuil; cent bocages où l'oranger, le cedre & le citronier, entre-laffés avec le palmier, la vigne & le grenadier, offroient de quoi fatisfaire également le goût & l'odorat. La terre y étoit jonchée de violettes, de marguerites, & de penfées, au milieu defquelles s'élevoient des touffes de jonquilles, d'hyacinthes, de giroflées, d'œillets & d'autres fleurs qui embaumoient l'air de leurs doux parfums. Quatre fources auffi claires que profondes, & fi abondantes qu'elles auroient pû défaltérer dix armées, ne fembloient être placées en ce lieu que pour le faire mieux reſſembler au Jardin d'Eden qu'arroſent les quatre fleuves ſacrés. Là le roſſignol chantoit la naiſſance de là roſe, ſa bien aimée, & ſe plaignoit en même-temps de la courte durée de ſa beauté ; tandis que la tourterelle gémiſſoit d'avoir perdu des plaiſirs plus réels ; & que la vigilante alouette ſe bornoit à ſaluer par ſes chants la lumiere bienfaiſante qui ranime la nature. Là enfin, plus qu'en aucun endroit du monde, le gazouillement des oiſeaux exprimoit les diverſes paſſions qui les inſpiroient, comme ſi les excellents fruits, qu'ils becquetoient à plaiſir, leur euſſent donné une double énergie.

On portoit quelquefois Vathek ſur cette montagne, pour lui faire reſpirer un air pur & frais, & ſur-tout pour le laiſſer boire à ſon gré des quatre ſources qui paſſoient pour être très-ſalutaires. Il n'y étoit accompagné que par ſa mere, ſes femmes & quelques eunuques, qui tous s'empreſſoient à remplir de grandes coupes de criſtal de roche, & les lui préſentoient à l'envi l'un de l'autre ; mais ſouvent leur zele ne répondoit pas à fon avidité, & il fe couchoit par terre, pour lapper l'eau dont il n'étoit jamais défalteré.

Un jour que le déplorable prince étoit refté long-temps dans une fi vile pofture, il entendit une voix rauque, mais forte, qui l'apoftropha ainfi; pourquoi fais-tu là l'exercice d'un chien, ô Calife fi fier de ta dignité & de ta puiffance? A ces mots il leve la tête, & voit l'Etranger qui lui avoit caufé tant de peine. Il fe trouble à cette vue, la colere enflame fon cœur, il s'écrie; & toi, maudit Giaour, que viens-tu faire ici? N'es-tu pas content d'avoir rendu un prince agile & difpos, femblable à un de ces barils de cuir que les Arabes Bedouins font porter à leurs chameaux, lorfqu'ils traverfent les déferts? Ne vois-tu pas que je meurs autant pour avoir trop bû, que du befoin de boire?

Bois donc encore ce trait, lui dit l'Etranger, en lui préfentant une bouteille pleine d'une liqueur rouge & jaune; & pour contenter la foif de ton ame, ainfi que celle de ton corps, fache que je fuis Indien,

mais d'une partie de l'Inde qui n'eſt connue de perſonne.

Le Calife ravi de voir une partie de ſon
deſir rempli, & ſe flattant de le ſatisfaire plus
pleinement enſuite, bût ſans héſiter la liqueur qui lui étoit préſentée, & ſe trouva
à l'inſtant rétabli en parfaite ſanté, ſa ſoif
étanchée, & ſes membres auſſi diſpos qu'ils
l'avoient jamais été.

Dans les tranſports de ſa joie, Vathek
ſaute au col de l'effroyable Indien; il baiſe
ſa vilaine bouche & ſes joues pendantes &
livides avec autant d'ardeur, qu'il auroit pû
baiſer les levres de corail & les joues de
lys & de roſes de ſes plus belles femmes.
Celles-ci, plus jalouſes encore qu'effrayées,
abbaiſſent leur voile pour cacher la rougeur
dont le dépit couvre leur front.

Cette ſcene n'auroit pas ſitôt fini, ſi Carathis, avec l'art d'inſinuation qu'elle poſſédoit, faiſant rentrer ſon fils en lui-même,
n'eût réuſſi à le calmer un peu; elle l'en-
gagea à retourner à Samarah, où il ſe fit
précéder par un heraut qui crioit de toute
ſa force; le merveilleux Etranger a reparu,

il a guéri le Calife, il a parlé, il a parlé.

Auffitôt tous les habitants de cette grande ville fortirent de leurs maifons, & coururent en foule pour voir paffer Vathek, & l'Indien qu'ils béniffoient alors autant qu'ils l'avoient maudit auparavant, ne fe laffant point de répéter; il a guéri notre fouverain, il a parlé, il a parlé. Ces mots ne furent pas oubliés dans les fêtes publiques qu'on donna le foir même en figne de réjouiffance; car les poëtes en firent le refrain de toutes les chanfons qu'ils compoferent fur ce beau fujet.

Cependant le Calife fit r'ouvrir les palais des fens, & comme il étoit plus preffé de vifiter celui du goût qu'aucun des autres, il ordonna qu'on y fervit un fplendide repas auquel tous les grands officiers & fes courtifans favoris furent invités. L'Indien qu'on plaça à côté du Calife, parut croire que pour reconnoître un tel honneur, il ne pouvoit trop manger, trop boire, & trop parler. Les mets difparoiffoient de la table auffitôt qu'ils étoient fervis, au grand déplaifir de Vathek qui fe piquoit d'être

le plus grand mangeur du monde, & qui
en ce moment avoit grand appetit.

Les convives fe regardoient l'un l'autre
avec étonnement; mais l'Indien fans faire
femblant de s'en appercevoir, buvoit des
rafades à la fanté de chacun d'eux, chantoit
à tue tète, contoit des hiftoires dont il
rioit lui-mème à gorge déployée. & faifoit
des vers impromptus qui n'auroient pas
paru mauvais, s'il ne les eut pas déclamés
avec des grimaces affreufes. Enfin il bavar-
da autant que cent aftrologues, mangea
autant que cent porte-faix, & bût à proportion.

Le Calife qui, quoi qu'on eut couvert la
table trente-deux fois, s'étoit trouvé fort
incommodé de la voracité de fon voifin,
& qui ne fe plaifoit pas autant avec lui
qu'il l'avoit d'abord fait, avoit grand peine
à diffimuler fa mauvaife humeur & fon
inquiétude; il trouva enfin le moyen de
dire tout bas au chef de fes ennuques; tu
vois, Bababalouk, comment cet homme fait
tout en grand, que feroit-ce s'il pouvoit
arriver jufqu'à mes femmes? Va, redouble

de vigilance, & fur-tout prens garde à mes Circaffiennes qui l'accommoderoient plus que toutes les autres.

L'oifeau du matin avoit trois fois renouvellé fon chant, quand l'heure du Divan fonna : Vathek qui pour reconnoître l'amour de fon peuple avoit promis d'y préfider en perfonne , fe leva auffitôt de table & s'y rendit, en s'appuyant fur fon Vifir qui avoit bien de la peine à le foutenir, tant ce pauvre prince étoit étourdi du vin qu'il avoit bû , & plus encore du tapage qu'avoit fait fon bruyant convive.

Les Vifirs, les officiers de la couronne, les gens de loi, fe rangerent en demi-cercle & dans un refpectueux filence autour de leur fouverain ; tandis que l'Indien qui paroiffoit auffi de fang froid que s'il avoit été à jeun, alla fans façon s'affeoir fur une des marches du trône, riant fous cape de l'indignation que fa hardieffe caufoit à tous les fpectateurs.

Cependant le Calife , dont les idées étoient confufes & la tête embarraffée, rendoit juftice à tort & à travers , quand fon

premier Vifir qui s'en apperçut, s'avifa tout-
à - coup d'un expédient pour interrompre
l'audience & fauver l'honneur de fon maître, auquel il vint dire à l'oreille : Seigneur,
la·princeffe Carathis, qui a paffé la nuit à
confulter les planetes, vous fait dire qu'elles vous menacent & que le danger eft
preffant. Prenez garde que cet Etranger à
qui vous faites tant de careffes pour quelques bijoux magiques, n'ait attenté à votre
vie ; fa liqueur, qui d'abord a femblé vous
avoir guéri, peut en effet n'être qu'un poi-
fon dont l'opération fera foudaine. Ne re-
jettez pas ce foupçon ; demandez - lui du
moins de quoi elle eft compofée, où il l'a
prife, & faites mention des fabres que vous
femblez avoir oubliés.

Vathek, à qui les infolentes manieres de
l'Indien devenoient à chaque inftant plus
infupportables, répondit à fon Vifir par un
figne de tête qu'il fuivroit fon confeil, &
s'adreffant tout de fuite à l'Indien ; leve-
toi, lui dit-il, & déclare en plein Divan,
de quelles drogues eft compofée la liqueur
que tu m'as fait prendre & qu'on foup-

çonne être un poison ; ajoute à cela l'éclair-
cissement que j'ai tant desiré au sujet des
sabres que tu m'as vendus , & reconnois
ainsi les bontés dont je t'ai comblé.

Le Calife se tût après ces paroles, qu'il
prononça d'un ton aussi moderé qu'il lui
fût possible de prendre. Il attendit la ré-
ponse de l'Indien qui , sans quitter sa place , se mit à renouveller les éclats de rire
perçans & les horribles grimaces qu'il avoit
faites la premiere fois , & le tout sans répondre un seul mot. Alors le Calife ne pouvant plus se contenir , le jette d'un coup de
pied de l'estrade en bas ; il en descend bien
vite lui-même , & continue à le frapper avec
une rapidité qui excite toute la compagnie
à en faire autant. Tous les pieds sont en
l'air , & on ne lui a pas plutôt donné un
coup , qu'on se sent comme forcé à réitérer.

L'Indien donnoit beau jeu ; comme il étoit
court & gros , il s'étoit ramassé en boule,
& rouloit de tous côtés sous les coups de
ses assaillants , qui le suivoient par-tout avec
un acharnement inoui , & dont le nombre
augmentoit toujours. En effet, comme en

roulant la boule paſſoit d'appartement en appartement, de chambre en chambre, & attiroit après elle toutes les perſonnes qu'elle rencontroit, le palais étoit dans une confuſion horrible & retentiſſoit d'un bruit épouvantable. Les femmes du Harem, qui, effrayées de ce bruit, s'étoient miſes à regarder à travers leurs portieres pour voir de quoi il étoit queſtion, n'eurent pas plutôt vû la boule que, ne pouvant y tenir, elles ſe débarraſſerent des eunuques qui en vain pour les arrêter, les pinçoient juſqu'au ſang, & qui preſque évanouis de frayeur de les voir s'arracher de leurs bras, ne laiſſerent pas eux-mêmes de ſuivre à la piſte la fatale boule.

L'Indien après avoir ainſi parcouru les ſalles, les chambres, les cuiſines, les jardins & les écuries du palais, prit enfin le chemin des cours pour en ſortir, le Calife le ſuivant de plus près que tous les autres, & lui donnant autant de coups de pied qu'il lui étoit poſſible d'en donner, & recevant lui-même quelques-uns de ceux qui étoient adreſſés à la boule.

Carathis, Morakanabad, & deux ou trois
vieux Vifirs dont la fageffe avoit jufqu'alors
refifté à l'attraction de la boule, voulant
empêcher que le Calife fe donnât en fpectacle à fes fujets, fe jetterent à fes genoux
pour l'arrêter, mais il fauta par deffus leurs
têtes & continua fa courfe. Alors ils or-
donnerent aux Muézins d'appeller le peuple
à la priere, tant pour les ôter du chemin,
que pour les engager à tâcher de détourner
par leurs vœux une telle calamité ; mais ils
ne réuffirent pas dans ce deffein. Il fuffifoit
de voir cette fatale boule pour être attiré
après elle ; les Muézins eux-mêmes, quoiqu'ils ne la viffent que de loin, defcendirent
de leurs minarets & fe joignirent à la foule
qui augmenta de telle forte, que bientôt
il ne refta d'habitans dans les maifons de
Samarah, que quelques vieillards & quelques malades qui n'avoient pû bouger de
leur lit, & les enfans à la mamelle dont
les nourrices s'étoient débarraffées pour courir plus vite ; car Carathis, Morakanabad,
& les autres s'étoient enfin mis de la partie.

Les cris perçants des femmes qui avoient
forcé

forcé leurs ferails, & qui ne fachant pas
trop bien fe tirer d'affaire, fe trouvoient
prefque écrafées dans la foule ; ceux des
Eunuques qui tâchoient de ne pas les perdre de vue; les juremens des maris, qui
tout en courant, menaçoient les uns &
les autres; les coups de pieds donnés &
rendus ; les culbutes à chaque pas, tout enfin rendoit Samarah femblable à une ville
prife d'affaut & livrée au pillage.

Enfin le maudit Indien, fous cette forme de boule, après avoir parcouru toutes
les rues, toutes les places publiques & les
avoir laiffées défertes, prit la route de la
plaine de Catoul, & enfila une vallée qui
étoit au pied de la montagne aux quatre
fources.

Comme la chûte des eaux formoit un
gouffre épouvantable dans cette vallée, qui
de l'autre côté étoit bordée d'une haute
colline, le Calife & ceux qui le fuivoient
craignirent que la boule ne s'y alla jeter,
& redoublerent d'efforts pour l'atteindre,
mais envain; l'Indien continua fa courfe &
fe plongeant, ainfi qu'on l'avoit craint dans

C

le gouffre, difparut comme un éclair.

Vathek fe feroit fans doute précipité après le perfide Giaour, s'il n'avoit été retenu comme par une main invifible. La multitude s'arrêta auffi ; tout devint calme. On fe regardoit l'un l'autre d'un air étonné, & quoique le fpectacle des voiles, & des turbans perdus, des habits déchirés, & de la pouffiere mêlée avec la fueur dont chacun étoit couvert, fut affez rifible, perfonne ne rit ; mais tous, les yeux baiffés, confus & taciturnes, reprirent le chemin de Samarah, & allerent fe cacher dans le fond de leurs maifons, fans fonger qu'ils avoient été pouffés par une force irréfiftible à l'extravagance qu'ils fe reprochoient ; car il eft jufte que les hommes qui fe glorifient fi fouvent du bien dont ils ne font que les inftrumens, s'attribuent auffi les fottifes qu'il n'a pas dépendu d'eux de ne pas faire.

Le Calife feul ne voulut pas quitter la vallée, il ordonna qu'on y dreffât fes tentes. Il prit fon pofte fur les bords du gouffre, malgré les repréfentations de Carathis & de Morakanabad qui lui faifoient obfer-

ver que la terre, dans cet endroit, étoit
prète à s'ébouler, & que d'ailleurs, il étoit
trop près du maudit magicien qui l'avoit
tant tourmenté. Vathek se moqua de leurs
remontrances, & après avoir fait allumer
mille flambeaux & commandé qu'on ne
cessât d'en allumer, il se coucha sur la rive
bourbeuse, & tâcha, à la faveur de ces clar-
tés artificielles, de voir au travers des ténèbres, que tous les feux de l'empirée n'auroient pù pénétrer. Tantôt, il croyoit entendre des voix qui partoient du fond du
gouffre, & tantôt il s'imaginoit y démèler
les accens de l'Indien; mais ce n'étoit que
le résonnement des eaux & le bruit des
cataractes, qui tomboient à gros bouillons
des montagnes.

Après avoir passé la nuit dans cette violente
situation, le Calife se retira dans sa tente dès
que le jour commença à poindre, & là sans
presque avoir rien mangé, il dormit jusqu'à ce
que l'obscurité vint de nouveau couvrir l'hé-
misphere. Alors il reprit l'exercice de la veille
& le continua pendant plusieurs nuits. Fati-
gué des peines inutiles qu'il prenoit, il se pro-

menoit quelquefois à grands pas dans la plaî-
ne, & regardoit les étoiles d'un air furieux,
en leur reprochant de l'avoir trompé; quand
tout-à-coup, il vit l'azur du ciel entremêlé
de longues rayes de fang qui s'étendoient
depuis la vallée jufqu'au de là de Samarah.
Comme cet horrible phénomene paroiſſoit
toucher à fa tour, il penſa d'abord à y
monter pour l'obſerver de plus près ; mais il
n'eût pas la force de faire un pas, & tranſi
de frayeur, il fe couvrit la tête d'un pan
de fa robe.

Quoique tous ces prodiges l'effrayaſſent
pour le moment, ils ne faifoient qu'exciter
fa curiofité ; ainſi, au lieu de rentrer en
lui-même, il perſiſta dans le deſſein de de-
meurer dans le lieu où l'Indien avoit diſparu. Enfin, une nuit qu'il faifoit encore fa promenade folitaire dans la plaine,
la lune & les étoiles s'éclipferent fubitement, les ténebres les plus épaiſſes prirent
leur place, & il entendit fortir de la terre
qui trembloit, la voix du Giaour qui,
avec un bruit plus fort que le tonnerre,
lui cria : veux-tu te donner à moi, adorer

les influences terreſtres, & renoncer à Mahomet? A ces conditions, je te ménerai
au palais du feu ſouterrain. Là, dans des
magaſins immenſes, tu verras les tréſors
que les étoiles t'ont promis, & qui te ſeront livrés par ces Intelligences que tu te
ſeras rendues favorables. C'eſt de là que
j'ai tiré mes ſabres; enfin, c'eſt là où re-
poſe le corps de Suleïman, fils de Daoud,
environné des taliſmans qui ſubjuguent le
monde.

Le Calife étonné lui répondit en fré-
miſſant, mais pourtant du ton d'un homme qui commençoit à s'accoutumer aux
aventures ſurnaturelles. Où es-tu? parois
à mes yeux; diſſipe ces ténebres, dont je
ſuis las, & que tu as apparemment cauſées;
après avoir brûlé tant de flambeaux pour
te découvrir, c'eſt bien le moins que tu
me montres ton effroyable viſage. Abjure
donc Mahomet, reprit l'Indien, & promets
de me donner des preuves de la ſincérité
de cette abjuration, où tu ne me verras
jamais. Le malheureux Calife, emporté par
ſon effrénée curioſité, promit tout. Auſſi-

tôt le ciel s'éclaircit ; & à la lueur des plá-
netes qui paroiſſoient comme enflamées.,
Vathek vit que la terre s'étoit entr'ouverte,
& qu'au bas d'une longue & large ouver-
ture noire étoit un portrait d'ébene, devant
lequel l'Indien, plus noir encore, étoit couché, tenant à la main une clef d'or qu'il
faiſoit réſonner contre la ferrure.

Ah ! s'écria Vathek, comment puis-je
deſcendre juſqu'à toi ſans me rompre le col?
Viens donc me prendre, & ouvre ta porte
au plus vite. Pas tout-à-fait encore, im-
patient Calife, répondit l'Indien ; ſache que
j'ai grand ſoif, & que je ne puis ouvrir
cette porte que ma ſoif ne ſoit étanchée.
Il faut que je boive le ſang de cinquante
des plus beaux garçons de tes Viſirs & des
Grands de ta cour ; autrement ni ma ſoif,
ni ta curioſité ne ſeront ſatisfaites. Retourne donc à Samarah ; fais-moi la proviſion
que je deſire ; reviens la jeter toi-même
dans ce goufre, & puis tu verras.

Après ces paroles, l'Indien tourna le dos
au Calife qui, inſpiré par les démons, ſe
réſolut au ſacrifice affreux qu'on lui deman-

doit. Il fit donc femblant d'avoir repris fa tranquillité, & s'achemina vers Samarah aux acclamations d'un peuple qui l'aimoit encore, & qui ne fe laffoit pas de fe réjouir quand il le croyoit dans fon bon fens. Il diffimula fi bien le trouble que fon cœur ne pouvoit s'empêcher de reffentir, que Carathis & Morakanabad y furent trompés comme tous les autres. On ne parla plus que de fêtes & de réjouiffances. On mit même fur le tapis l'hiftoire de la boule, dont perfonne n'avoit encore ofé ouvrir la bouche; on en rioit de tous côtés, quoique plufieurs des habitans de Samarah, qui étoient encore entre les mains des chirurgiens à la fuite des bleffures qu'ils avoient reçues dans cette avanture mémorable, n'euffent pas trop fujet d'en rire.

Vathek étoit très-aife qu'on le prit fur ce ton de gayeté, parce qu'il voyoit que cela le conduiroit à fes abominables fins. Il montroit un air affable à tout le monde, mais particuliérement à fes Vifirs & aux Grands de fa cour, qu'il ne manqua pas d'inviter à un fomptueux repas. Infenfible-

ment il fit tomber la conversation sur les
enfans de ses convives, & d'un air de
bienveillance, leur demanda qui d'entr'eux
avoient les plus jolis garçons. Aussitôt
chaque pere s'empresse à mettre les siens
au-dessus de ceux des autres, de maniere
que la dispute s'échauffant peu à peu, ils
en seroient venus aux coups sans leur respect pour le Calife, qui faisant semblant
de vouloir les accorder, dit qu'il en juge-
roit lui-même & qu'on les lui amenât.

Bientôt on vit arriver une bande de ces
pauvres enfans, parés par les mains de leurs
tendres meres, de tout ce qui pouvoit re-
hausser leur beauté & relever leur bonne
grace; mais tandis que cette brillante jeunesse attiroit les yeux & les cœurs de tout
le monde, le Calife, avec une avidité maligne que l'on prenoit pour de l'attention,
les examina tous, & en choisit cinquante
qu'il jugea être ceux que le Giaour desiroit
pour en faire sa proie.

Avec le même air de bonhomie, il pro-
posa de donner une fête dans la plaine à
ses petits favoris; ils devoient, disoit-il,

fe réjouir encore plus que tous les autres du retour de fa fanté, vu le bien qu'il prétendoit leur faire.

On eft charmé de l'intention du Calife; elle eft bientôt connue de tout Samarah. On prépare des litieres, des chameaux, des chevaux; femmes, enfans, vieillards, jeunes-gens, chacun fe place felon fon goût. Le cortege fe met en marche, fuivi de tous les vendeurs de confitures de la ville & des fauxbourgs; le peuple fuit à pied en foule; un tintamare épouvantable fe fait entendre; tous font dans la joie, & pas un ne fe reffouvient de ce qu'il en a coûté à plufieurs d'entr'eux, la premiere fois qu'ils avoient pris le chemin qu'ils fuivoient encore fi gaiement.

La foirée étoit belle, l'air frais, le ciel ferein; les fleurs exhaloient leurs parfums. La nature en repos fembloit fe réjouir aux rayons du foleil couchant, dont la douce clarté fe repofoit fur la cime de la montagne aux quatre fources, & répandoit de-là une lueur favorable qui en embelliffoit la defcente, & animoit les troupeaux boudiffans. On n'entendoit que le murmure des fontaines, le fon des chalumeaux, & la voix des bergers qui s'appelloient l'un l'autre fur les collines.

Les pauvres enfans qu'on alloit immoler, ajoutoient beaucoup à cette riante fcene. Ils ne ceffoient de folâtrer enfemble en avan-çant vers la plaine ; les uns couroient après des papillons, les autres cueilloient des fleurs, ou ramaffoient de petites pierres luifantes ; ils s'éloignoient d'un pas léger l'un de l'autre, pour avoir le plaifir de s'atteindre, & de fe donner mille baifers d'amitié.

Déja on découvroit de loin l'horrible gouffre au fond duquel étoit le portail d'ébene ; il coupoit la plaine par le milieu comme une raie noire ; Morakanabad & fes confreres le prirent pour une ouver-ture que le Calife avoit fait creufer ; les malheureux ! ils ne favoient pas à quoi elle étoit deftinée.

Vathek qui ne vouloit point qu'on exa-minât le lieu fatal de trop près, arrête la marche ; il fait tracer un grand cercle en

deça & à une certaine diftance de la maudite crevaffe. Le corps de gardes des Eunuques fe détache pour mefurer la lice deftinée aux courfes de pied , & pour préparer
les anneaux que doivent enfiler les flêches.
. Les cinquante jeunes garçons fe déshabil-
lent à la hâte , & font admirer aux fpectateurs la fouplefle & les agréables contours
de leurs membres délicats ; leurs yeux pé-
tillent d'une joie qui fe repéte dans ceux
de leurs tendres parens ; chacun fait des
vœux pour celui des petits combattans qui
l'intéreffe le plus , & ne doute point qu'ils
ne foient exaucés ; tout le monde eft attentif
aux jeux de ces êtres aimables & innocens.

Le Calife faifit ce moment favorable pour
s'éloigner de la foule ; il s'avance fur le
bord du gouffre ; il entend, non fans frémir,
l'Indien qui difoit en grinçant des dents,
où font-ils ? où font-ils ? Ne vois-tu pas
que l'eau m'en vient à la bouche ? Impitoyable Giaour , répondit Vathek tout troublé, n'y a-t-il pas moyen de te contenter
fans le facrifice de ces charmantes victimes?
Ah! fi tu voyois leur beauté , leurs graces,

tu ferois attendri. La pefte de ton atten-
driffement, bavard que tu es, s'écria l'Indien; donne, donne-les moi vite, ou ma
porte te fera fermée pour jamais. Ne crie
donc pas fi haut, repartit le Calife en rou-
giffant. Oh! pour cela, j'y confens, reprit le
Giaour, avec un fourire d'ogre; tu ne man-
ques pas de préfence d'efprit; j'aurai patience encore un moment.

Pendant ce beau dialogue, les jeux étoient
dans toute leur vivacité; ils finirent enfin,
juftement lorfque le crépufcule commençoit à fe répandre fur les montagnes. Alors
le Calife qui fe tenoit de bout fur le bord
de l'ouverture, s'écria de toute fa force;
que mes cinquante petits favoris s'appro-
chent de moi l'un après l'autre, & qu'ils
viennent par ordre felon le fuccès qu'ils
ont eu dans les jeux. Au premier vainqueur,
je donnerai mon bracelet de diamants, au
fecond mon collier d'émeraudes, au troifie-
me mon aigrette de rubis, au quatrieme,
ma ceinture de topaze, & à tous les autres
quelqu'autre piece de mon habillement, jufqu'à mes pantoufles.

A ces paroles, les acclamations redoublerent; on exaltoit jufqu'aux nues la bonté
d'un prince qui fe mettoit ainfi tout nud
pour amufer fes fujets, & encourager la
jeuneffe. Cependant le Calife fe déshabillant peu à peu, & élevant le bras auffi haut
qu'il pouvoit, faifoit briller chacun des prix
qu'il avoit promis; mais tandis qu'il le donnoit d'une main à l'enfant qui s'étoit hâté
pour venir le recevoir, il pouffoit de l'autre
le pauvre innocent dans le gouffre, où le
Giaour toujours gromelant, repétait fans
ceffe, encore! encore!

. Cet affreux manege fe faifoit fi rapidement, que le garçon qui accouroit ne pouvoit s'appercevoir du fort de fon compagnon, & quant aux fpectateurs, les ombres du foir & la diftance, les empêchoient
de rien diftinguer. Enfin Vathek ayant ainfi
précipité la cinquantieme victime, & croyant
que le Giaour alloit le venir prendre, &
lui préfenter la clef d'or, s'imaginoit déja
être auffi grand que Suleïman, & confé-
quemment de n'avoir point à rendre compte de ce qu'il venoit de faire, quand la

fente, à fa grande furprife, fe referma tout-
à-coup, & qu'il fentit fous fes pas le ter-
rein ferme comme à l'ordinaire.

Sa rage & fon défefpoir ne peuvent s'exprimer ; il maudiffoit la perfidie de l'Indien ; il l'appelloit des noms les plus infâ-
mes, & frappoit du pied comme pour en
être entendu, il fe démena ainfi jufqu'à ce
qu'étant épuifé, il tomba par terre comme
s'il avoit perdu le fentiment. Ses Vifirs, & les
Grands de la cour qui étoient plus près de
lui que les autres, crurent d'abord qu'il
s'étoit affis fur l'herbe pour jouer avec les
enfants ; enfuite une forte d'inquiétude les
ayant pris, ils s'avancerent & trouverent
le Calife tout feul, qui leur dit d'un air
égaré, que voulez-vous ? Nos enfans, nos
enfans ! s'écrierent-ils ? Vous êtes bien plaifans, leur répondit-il, de vouloir me rendre refponfable des accidens de la vie ; vos
enfans font tombés en jouant dans le précipice qui étoit ici, & j'y ferois tombé moi-
mème, fi je n'avois fait un faut en arriére,
qui m'a fauvé.

A ces mots, les peres des cinquante garçons fe mirent à pouffer des cris perçans, que les meres repéterent d'un octave plus haut ; tandis que tous les autres, fans favoir de quoi on crioit, enchériffoient fur eux par des hurlemens. Bientôt on fe dit de tous côtés : c'eft un tour que notre Calife nous a joué pour plaire à fon maudit Giaour, puniffons-le de fa perfidie, vengeons-nous, vengeons le fang innocent ; allons jeter ce cruel prince dans le gouffre, qui n'eft qu'à quatre pas d'ici, & qu'il n'en foit plus parlé.

A cette rumeur, à ces menaces, Cara-this effrayée, s'approcha de Morakanabad, Vifir, lui dit-elle, vous avez perdu deux jolis enfans, vous devez ètre le plus défolé des peres ; mais vous êtes vertueux, fauvez votre maitre. Oui, madame, répondit le Vifir, je vais effayer au péril de ma vie de le tirer de ce mauvais pas ; enfuite je l'abandonnerai à fon funefte deftin. Baba-balouk, pourfuit-elle, mettez-vous à la tète de vos Eunuques ; écartons la foule, rame-nons, s'il fe peut, ce miférable prince dans fon palais. Bababalouk & fes confors, qui

fe félicitoient tout bas de ce qu'on les
avoit mis hors d'état d'être peres, obéirent
au Vifir, qui les fecondant de fon mieux,
vint enfin à bout de fa généreufe entreprife, & fe retira enfuite pour pleurer à
fon aife, ainfi qu'il l'avoit réfolu.

Dès que le Calife fut rentré dans fon
palais, Carathis en fit fermer les portes;
mais voyant que l'émeute augmentoit, &
entendant les imprécations qui retentiffoient
de tous côtés, elle dit à fon fils : que vous
ayez tort ou raifon, il faut fauver votre
vie ; retirons-nous dans votre appartement;
paffons de là dans le fouterrain qui n'eft
connu que de vous & de moi, & gagnons
la tour, d'où avec le fecours des muets qui
n'en font jamais fortis, nous pourrons nous
défendre quelque temps. Bababalouk, qui
nous croira encore dans ce palais, en dé-
fendra l'entrée pour fon propre intérêt, &
nous verrons alors, fans les confeils de ce
pleureur de Morakanabad, ce qu'il y aura
de mieux à faire.

Vathek, fans répondre un feul mot à
tout ce que fa mere lui difoit, fe laiffa

conduire

conduire comme elle voulut; il répétoit tout
en marchant; où es-tu, méchant Giaour?
n'as-tu pas encore croqué ces pauvres enfans? où font tes fabres? ta clef d'or? tes
talifmans? Carathis à qui ces paroles faifoient deviner une partie de la vérité,
n'eût pas de peine à la tirer toute entiere
de fon fils, quand il fe fut un peu tran-
quillifé dans la tour. Bien loin d'être en
aucune maniere fcrupuleufe, elle étoit auffi
méchante qu'une femme peut l'être, & ce
n'eft pas peu dire; car ce fexe fe pique de
furpaffer en tout celui qui lui difpute la
fupériorité.

Le récit du Calife ne caufa donc à Carathis, ni furprife, ni horreur; elle fût
feulement frappée des promeffes du Giaour,
& dit à fon fils. Il faut avouer que ce Giaour
eft un peu fanguinaire; mais les puiffances terreftres doivent être encore plus terribles; cependant ce que l'un promet, &
que les autres peuvent donner, vaut bien
la peine de faire quelques petits efforts;
nul crime ne doit coûter quand de tels tréfors en font la récompenfe; ceffez donc de

D

vous plaindre de l'Indien, vous n'avez pas encore rempli les conditions qu'il a mises à ses services. Par exemple, je ne doute point qu'il ne faille faire un sacrifice à ces génies souterrains, & c'est à quoi il nous faudra penser aussitôt que nous aurons appaisé l'émeute ; je vais tout de suite m'en occuper, & je ne doute point d'y réussir, à l'aide de vos trésors que je ne craindrai pas d'épuiser, puisque nous en aurons bien d'autres.

En effet, cette princesse qui possédoit merveilleusement l'art de persuader, repassa par le souterrain, & s'étant rendue au palais, se fit voir par la fenêtre au peuple ; elle commença à le haranguer avec tout l'art dont elle étoit capable, tandis que Bababalouk, jetoit de l'or à pleines mains à la foule, qui, par ces deux moyens, fut bientôt appaisée. Chacun retourna chez soi, & Carathis reprit le chemin de la tour.

On annonçoit la priere du point du jour, lorsque Carathis & Vathek montoient les innombrables degrés qui conduisoient au sommet de la tour, où ils demeurerent quel-

que temps, quoique la matinée fût triste
& pluvieuse. Cette fombre lueur plaifoit à
leurs cœurs méchants ; mais quand ils virent que le foleil alloit percer les nuages,
ils firent tendre un pavillon pour fe mettre à l'abri de fes rayons incommodes. Le
Calife, haraffé de fatigue, ne fongea d'a-
bord qu'à fe repofer, fe flattant que des
vifions fignificatives accompagneroient fon
fommeil ; tandis que l'active Carathis, fuivie d'une partie de fes muets, defcendit
pour préparer ce qu'elle jugeoit le plus
convenable, pour le facrifice qu'elle vouloit
faire, la nuit prochaine.

Par de petits degrés qu'on avoit pratiqués dans la tour, & qui n'étoient connus
que d'elle & de fon fils, elle paffa d'abord
dans des cabinets fecrets où étoient renfer-
mées des momies qu'on avoit arrachées des
tombeaux des anciens Pharaons, & en fit
prendre un bon nombre. De-là, elle fe rendit à une galerie, où fous la garde de cinquante négreffes muettes & borgnes de l'œil
droit, on confervoit de l'huile des plus
venimeux ferpens, des cornes de rhinoce-

ros ; & des bois d'une odeur fubtile &
pénétrante, qu'on avoit fait venir de l'intérieur des Indes ; ainfi que mille autres horribles raretés. C'étoit là une collection que
Carathis elle-même avoit faite pour s'en
fervir dans l'occafion ; car elle s'étoit toujours flattée d'avoir, un jour ou l'autre,
quelque commerce avec les puiffances infernales qu'elle aimoit paffionnément, &
dont elle connoiffoit le goût.

Carathis, pour mieux s'accoutumer aux
horreurs qu'elle méditoit, refta quelque
temps avec fes négreffes qui louchoient
le plus aimablement du monde du feul
œil qu'elles avoient, & lorgnoient avec
un extrème plaifir les têtes de morts, &
les fquelettes que Carathis tiroit des ar-
moires dont elle feule avoit la clef ; tout
en l'examinant, elles faifoient des contor-
fions & parloient un jargon épouvantable,
mais fort amufant pour cette princeffe qui
enfin étourdie du tintamare, & étouffée
par la mauvaife odeur, fut forcée de quitter la galerie, après l'avoir dépouillée d'une
partie de fes monftrueux tréfors.

Pendant ce temps-là, le Calife qui n'avoit pas eû les visions qu'il attendoit, mais qui, à leur place, avoit gagné dans ces régions exhauffées, un appetit dévorant, étoit à s'emporter contre fes muets; il avoit totalement oublié qu'ils étoient fourds: il leur demandoit à manger, & voyant qu'ils ne bougeoient pas de leur place, il s'étoit mis à les battre, à les mordre & à les pincer, quand Carathis vint mettre le holà à une fcene fi indecente, au grand contentement de ces miférables créatures qu'elle avoit élevées, qu'elle entendoit par fignes & dont elle fe faifoit également comprendre. Qu'eft-ce donc que tout ceci, mon fils, dit-elle, toute effoufflée; j'ai crû, en montant entendre, les cris de mille chauve-fouris qu'on déniche d'un antre, & ce ne font que ceux de ces pauvres muets que vous maltraitez. En vérité, vous ne méritez pas l'excellente provifion que je vous apporte. Donnez, donnez, s'écria le Calife, je meurs de faim. Oh! pour cela vous aurez un bon eftomac, dit-elle, s'il peut digérer tout ce que j'ai ici,

Dépechez - vous, repartit le Calife; mais ô ciel! quelles horreurs! que voulez - vous en faire? je suis prêt à vomir en les voyant. Allons, allons, repliqua Carathis, ne soyez pas si délicat, aidez moi à arranger tout ceci ; vous verrez que les mêmes objets que vous rebutez tant, vous rendront heureux ; prépa-rons le bucher pour le sacrifice de cette nuit, & ne songez pas à manger jusqu'à ce qu'il soit dreffé : ne savez - vous pas que tous les rites solemnels sont précédés par un jeune rigoureux?

Le Calife n'osant rien repliquer, s'a-bandonna à la douleur & aux vents qui commençoient à défoler ses entrailles, tan-dis que sa mere alloit toujours son train. Bientôt on eût arrangé sur les baluftrades de la tour, les phioles d'huile de serpens, les momies, & les offémens. Le bucher commençoit à s'élever, & en trois heures, il eût trois coudées de haut. Les ténebres arriverent enfin, & Carathis toute joyeuse, se dépouilla jusqu'à la chemise ; elle bat-toit des mains, & enfuite du briquet de toute sa force ; les muets suivoient son exemple; mais Vathek extenué de faim & d'impatience, n'y put tenir plus long-temps; il tomba évanoui. Déjà les étincelles prenoient au bois sec; l'huile envenimée jettoit mille feux bleuâtres, les momies, qui commençoient à se dissoudre, exhaloient une vapeur noire & opaque; enfin les flammes gagnant les cornes de rhinoceros, une odeur si puante se répandit, que le Calife revenant à lui en sursaut, se mit à parcourir d'un œil égaré la scene flamboyante. L'huile découloit à grands flots enflammés, & les négresses, qui ne cessoient d'en apporter, joignoient leurs cris à ceux de Carathis. Les flammes devinrent si violentes, & l'acier poli les refléchissoit avec tant de vivacité, que le Calife ne pouvant plus en supporter l'ardeur & l'éclat, se refugia, en grimpant, sous l'étendart impérial.

Cependant, les habitans de Samarah frappés de la lumiere qui éclairoit toute la ville, se leverent en hâte, monterent sur leurs toits, virent la tour en feu & descendirent à demi nuds sur la place. Leur amour pour leur souverain se reveilla dans

D 4

ce moment , & croyant qu'il alloit être confumé dans fa tour , ils ne fongerent qu'à le fauver. Morakanabad fortit de fa retraite en effuyant fes pleurs, il crioit au feu , comme les autres. Bababalouk, dont le nés étoit plus accoutumé aux odeurs magiques, devinoit bien que c'étoit Carathis qui faifoit fes opérations, & leur confeilloit à tous de refter tranquilles ; mais on le traita de vieux poltron & d'infigne traitre. Les chameaux & les dromadaires arrivoient toujours avec l'eau, mais on ne favoit comment entrer dans la tour : pendant qu'on s'obftinoit à en forcer les portes , un vent furieux s'élevant du Nord-Eft, répandit au loin la flamme: cette vue fit d'abord reculer le peuple, & enfuite redoubla fon zele. En même temps les odeurs infernales des cornes & des momies fe répandant de tous côtés , la plupart empéftés & prefque fuffoqués, tomberent à la renverfe. Ceux qui étoient reftés debout , difoient à leur voifin, qu'eft-ce que tu fens? éloigne-toi. Morakanabad , plus malade que les autres , étoit dans un état pitoya-

ble ; on fe bouchoit le nez & on travail-
loit toujours à enfoncer les portes. Cent
quarante des plus robuftes & des plus dé-
terminés, en vinrent enfin à bout. Ils gagnerent l'efcalier, & à la faveur de leur
agilité, ils avoient déjà fait bien du chemin
dans un quart d'heure.

Carathis alarmée par les fignes que lui
faifoient fes muets & fes négreffes, s'avance
fur l'efcaliér, en defcend même quelques
marches & entend plufieurs voix qui
crioient, vous allez avoir de l'eau dans
un moment. Comme elle n'étoit pas mal
lefte pour fon âge, elle regagna bien vite
le fommet, & dit à fon fils ; fufpendez le
facrifice pour quelques minutes, nous allons avoir de quoi le rendre encore plus
beau. Certaines bètes de votre peuple,
s'imaginant, fans doute, que nous étions en
feu, ont eû la témérité de brifer des portes,
qui jufqu'à préfent avoient été inviolables,
pour nous apporter de l'eau ; il faut avouer
qu'ils font bien bons d'avoir oublié tous
vos torts ; mais il n'importe. Sacrifions les
au Giaour ; laiffons les monter ; nos muets

qui ne manquent, ni de force, ni d'expérience, auront bientôt dépeché des gens fatigués. Soit, dit le Calife, pourvu qu'on finiſſe & que je dine. En effet, ces gens qui arrivoient, étant eſſouflés d'avoir monté ſi vite onze mille degrés, fâchés d'avoir verſé en chemin la plus grande partie de l'eau dont ils étoient chargés, ne furent pas plutôt arrivés que l'éclat des flammes & l'odeur des momies offuſquerent tous leurs ſens à la fois : c'étoit dommage, car ils ne voyoient pas le ſourire agréable avec lequel les muets & les négreſſes leur mettoient la corde au col ; mais ces aimables perſonnes ne ſe rejouiſſoient pas moins d'une telle ſcene. Jamais on n'étrangla avec plus de facilité ; on tomboit ſans réſiſtance & ſans pouſſer un cri, de maniere que Vathek ſe trouva dans quelques momens environné des corps de ſes plus fideles ſujets, qu'on jeta ſur le bucher.

Carathis qui penſoit à tout, crût en avoir aſſez ; elle fit tendre les chaînes ſur l'eſcalier, & fermer les portes d'acier qui ſe trouvoient ſur le paſſage, afin qu'il n'en montât pas un plus grand nombre.

On avoit à peine exécuté ces ordres , que la tour commença à trembler ; les cadavres difparurent dans les flammes , qui , de fombre cramoifi qu'elles étoient , devinrent d'un beau couleur de rofe ; une vapeur douce & fuave fe fit délicieufement fentir ; les colomnes de marbre jeterent des fons harmonieux , & les cornes liquéfiées exhalerent un parfum délicieux. Carathis, ravie en extafe, jouiffoit d'avance du fuccès de fon entreprife ; tandis que fes muets & fes négreffes , à qui les bonnes odeurs donnoient la colique , fe retirerent en gromelant dans leurs tanieres.

A peine étoient-ils partis , qu'au lieu du bucher, des cornes, des momies & des cendres , le Calife vit & fentit, avec un plaifir qu'on ne fauroit décrire , une table couverte d'un repas magnifique , des flacons de vin & des vafes , où un forbet excellent repofoit fur la neige. Il ne tarda pas à fe faifir de ces bonnes chofes ; il avoit déja empoigné un agneau aux piftaches , pendant que Carathis tiroit à elle d'une urne de fi-

ligrame , un parchemin qui fembloit ne finir
jamais , & que fon fils n'avoit pas même
obfervé. Ce cher fils , mangeant toujours
avidement, n'eût garde d'interrompre la lecture qu'elle commença à en faire. Enfin ,
elle lui dit d'un ton impofant ; finiffez donc
glouton , & écoutez les promeffes magnifiques qui vous font faites ; alors elle lût
tout haut ce qui fuit. " Vathek , mon bien
„ aimé, tu as furpaffé mes efpérances ; mes
„ narines ont favouré le fumet de tes mo-
„ mies , & de tes excellentes cornes , & plus
„ encore de ces ames que tu as répandues fur
„ le bûcher. Au plein de la lune, fais re-
„ tentir les chœurs de tes muficiens & de tes
„ tymbales ; fors de ton palais, environné
„ de toutes les marques de ta puiffance ,
„ de tes efclaves les plus fideles , de tes
„ femmes les plus chéries , de tes litieres
„ les plus magnifiques, de tes chameaux
„ les plus richement chargés , & prends la
„ route d'Iftakhar. C'eft-là, que je t'attens ;
„ c'eft-là, la région des merveilles ; c'eft-là,
„ où tu recevras le diadème de Gian ben
„ Gian , les talifmans de Suleïman, les tré-

„ fors des Sultans préadamites ; & que tu
„ nageras dans toutes fortes de délices. Mais
„ prends garde de n'entrer nulle part dans
„ ta route, ou tu reffentiras les effets de
„ ma colere ”.

Le Calife, qui nonobftant fon luxe ordinaire, n'avoit jamais fi bien diné que
ce jour-là, fe laiffa aller à la joie que lui
infpiroient de fi bonnes nouvelles ; il fe
mit à boire de nouveau, Carathis qui ne
haïffoit pas le vin faifoit raifon à toutes les
rafades, qu'ils portoient par ironie à la fanté
de Mahomet. Cette infernale liqueur acheva de les remplir d'une confiance impie,
ils fe mirent à prononcer mille blafphèmes,
& à s'égayer aux dépens de l'âne de Balaam,
du chien des fept dormans, & des autres
animaux qui font dans le paradis du faint
Prophète. En ce bel état, ils defcendirent
gaiement les onze mille degrés de la tour,
& tout en fe moquant des faces inquiétes
qu'ils voyoient fur la place, à travers les
foupiraux de la tour, ils gagnerent le fouterrain, & arriverent dans les appartemens
royaux. Bababalouk s'y promenoit tranquil-

lement en donnant fes ordres aux Eunuques
qui mouchoient les bougies, & peignoient les
beaux cheveux des Circaffiennes ; il ne les
vit pas plutôt qu'il leur dit ; ah ! je vois
bien que vous n'êtes pas brûlés ; je m'en
doutois. Que nous importe ce que tu as
penfé, ou ce que tu penfes, s'écria Carathis, vas, cours dire à Morakanabad, que
nous voulons lui parler fur l'heure, & prens
garde à ne pas t'arrêter en chemin, pour
faire tes infipides réflexions.

Morakanabad ne tarda pas à paroître : Vathek & fa mere le reçurent avec un grand
férieux, lui dirent d'un ton plaintif & folem-
nel, que le feu du fommet de la tour étoit
éteint ; mais qu'il en avoit couté la vie aux
braves gens qui avoient tenté d'y monter.

Encore des malheurs, s'écria Morakanabad, en gémiffant ; ah ! commandeur des fideles, notre faint Prophète eft fans doute
irrité contre nous ! c'eft à vous à l'appaifer.
Oh ! nous l'appaiferons de refte, répondit
le Calife, avec un fourire qui n'annonçoit
rien de bon ; vous aurez affez de loifir
pour vaquer à vos prieres dans mon ab-

sence ; car ce pays-ci m'abîme la santé, je suis las de la montagne aux quatre sources ; je veux absolument aller boire du ruisseau de Rocnabad, & me rafraichir dans les beaux vallons qu'il arrose. Vous gouvernerez mes états, d'après les conseils de ma mere, & aurez bien soin de lui fournir tout ce qu'elle désirera pour ses expériences ; car vous savez bien que notre tour est remplie de choses précieuses pour les sciences.

La tour n'étoit gueres du goût de Morakanabad ; sa construction avoit épuisé des trésors immenses, & il n'y avoit jamais vû porter que des négresses, des muets & de vilaines drogues : il ne savoit non plus que penser de Carathis, qui prenoit toutes les couleurs comme le caméleon. Sa maudite éloquence avoit souvent mis le pauvre Musulman aux abois ; mais il considéroit que si elle ne valoit pas grand chose, son fils étoit pire encore, & il se réjouissoit d'en être délivré. Il alla donc gaiement calmer le peuple, & préparer tout pour le voyage de son maître.

Vathek, pour faire fa cour aux efprits du palais fouterrain, vouloit que fon voyage fut d'une magnificence extraordinaire ; il confifquoit à droite & à gauche les biens de fes fujets, pendant que fa digne mere dépouilloit de leurs pierreries, tous les fertails qu'elle alloit vifiter. Elle avoit raffemblé toutes les couturieres, toutes les brodeufes de Samarah & des autres grandes villes à cinquante lieues à la ronde, pour travailler aux palanquins, aux fophas, aux canapés, aux litieres qui devoient embellir le train du monarque. On épuifa toutes les belles toiles de Mafulipatan, & on employa tant de mouffeline pour enjoliver Bababalouk & les autres Eunuques noirs, qu'il n'en reftoit pas une aulne dans tout l'Iraque Babylonien.

Les préparatifs s'avançoient, & Carathis qui ne perdoit jamais de vue, le grand objet de fe rendre agréable aux puiffances ténébreufes, donnoit de petits foupers aux dames les plus blanches, & les plus délicates de la ville ; mais au milieu de la gaieté, elle faifoit couler des ferpens &

caffer des pots de fcorpions fous la table.
Tout cela mordoit à merveille , & Carathis
les laiffoit mordre ; feulement pour paffer
le temps, elle s'amufoit quelquefois à guérir
les bleffures avec une excellente thériaque
de fa propre invention ; car cette bonne
Princeffe avoit en horreur l'oifiveté.

Vathek , qui n'étoit pas auffi laborieux
que fa mere, paffoit tout ce temps à tirer
parti de fes fens dans les palais qui leur
étoient dédiés. Il ne s'ennuyoit plus au
Divan , ni à la Mofquée ; la moitié de Samarah fuivoit fon exemple , pendant que
l'autre moitié gémiffoit du progrès que faifoit la corruption.

Sur ces entrefaites revint l'ambaffade
qu'on avoit envoyé à la Mecque, dans des
temps pieux. Elle étoit compofée des plus
révérends Moullahs, ils avoient parfaitement bien rempli leur commiffion, & ap-
portoient un de ces précieux balais , dont
on fe fert pour nettoier le facré Cahaba :
c'étoit un préfent vraiment digne du plus
grand prince de la terre.

Ce Calife fe trouvoit dans ce moment
E

retenu dans un lieu, qui n'étoit pas trop convenable pour recevoir des ambaſſadeurs, quoiqu'orné avec une certaine magnificence, tant pour ſon agrément, que parce qu'il le viſitoit ſouvent, & y reſtoit très - longtemps. Il entendit de-là la voix de Bababalouk qui crioit derriere les portieres ; voici l'excellent Edris Al Shafei, & le ſeraphique Mouhateddin, qui apportent le balai de la Mecque, & qui avec des larmes de joie, deſirent ardemment de le préſenter à votre majeſté. Qu'on porte ce balai ici ; il peut y être de quelque utilité, dit Vathek, qui encore occupé, n'avoit pas bien cuvé ſon vin. Comment, répondit Bababalouk, tout hors de lui - même. Obéiſſez, reprit le Calife, car c'eſt ma volonté ſuprème ; vas vite, dépèche - toi ; c'eſt ici, que je veux recevoir ces bonnes gens, qui te mettent en extaſe.

L'Eunuque s'en alla en murmurant, & dit au vénérable cortege de le ſuivre. Une ſainte joie ſe répandit parmi ces reſpectables vieillards ; quoique fatigués de leur long voyage, ils ſuivoient Bababalouk avec

une agilité qui tenoit du miracle. Ils en-
filerent les augustes portiques . & trouvoient
bien flatteur que le Calife ne les reçut pas
comme des gens ordinaires dans la salle
d'audience. Bientôt ils gagnerent l'intérieur
du Harem, où au travers de riches portieres
de soie, ils crurent appercevoir de grands
beaux yeux bleus & noirs, qui alloient &
venoient comme des éclairs. Pénétrés de respect & d'étonnement, & pleins de leur
mission céleste, ils s'avançoient en proces-
sion vers de petits corridors qui sembloient
n'aboutir à rien, & qui finissoient pourtant
à cette petite cellule, où le Calife les attendoit.

Le commandeur des fideles, seroit-il
malade, disoit tout bas Edris Al Shafei à
son compagnon? Il est, sans doute, à son
oratoire, répondit Al Mouhateddin. Vathek, qui entendoit ce dialogue, leur cria;
que vous importe, ce que je fais? avancez
toujours. Ils avancerent, Bababalouk mou-
roit de confusion ; tandis que le Calife, sans
se montrer, avançoit la main à travers la
portiere & demandoit le balai. On se pros-

terne auffi-bien que le corridor le permettoit & même dans un affez beau demi-cercle ; alors le refpectable Edris Al Shafei,
tirant le balai des linges brochés & par-
fumés qui l'enveloppoient, & en défen-
doient la vue aux yeux du vulgaire, fe
détacha de fes confreres & s'avança pom-
peufement vers le prétendu oratoire. De
quelle furprife, de quelle horreur ne fût-il
pas faifi ! Vathek, avec un vilain éclat de
rire, lui ôta le balai qu'il tenoit d'une main
tremblante, & fixant quelques toiles d'arai-
gnée qui étoient fufpendues au plancher
azuré, il fe mit tranquillement à les balayer
& n'en laiffa pas une feule.

Les vieillards pétrifiés, n'ofoient lever leur
barbe de deffus la terre ; car ils voyoient
tout, Vathek ayant négligemment tiré le
rideau qui les féparoit de lui. Leurs larmes
couloient fur le marbre ; Al Mouhateddin
s'évanouit de dépit & de fatigue, pendant
que le Calife fe laiffant aller à la renverfe,
rioit & battoit des mains fans miféricorde.
Mon cher Noiraut, dit-il, enfin à Bababalouk, vas régaler ces pauvres pieufes gens

de mon vin de Shiraz ; & puifqu'ils peuvent fe vanter d'avoir plus vû de mon palais
que perfonne, fais-leur auffi vifiter mes
baffes cours, & mene-les par les petits
degrés qui donnent dans mes écuries. En
difant ces mots, il leur jeta le balai au
nez, & s'en alla rire avec Carathis. Bababalouk fit fon poffible pour confoler les
vieillards, mais deux des plus foibles en
moururent fur le champ ; les autres fe firent
porter dans leurs lits, d'où, confumés de
dépit & de honte, ils ne fortirent plus.

La nuit fuivante, Vathek, fuivi de fa
mere, monta fur la tour pour voir fi tout
y étoit prêt pour fon voyage ; car il comp-
toit beaucoup fur l'influence des étoiles.
Les conftellations étant dans un afpect des
plus favorables, le Calife, pour jouir d'un
fpectacle fi flatteur, foupa gaiement fur les
toits, & crut même entendre, pendant le
repas, de grands éclats de rire qui retentiffoient dans l'athmofphere de la maniere
la plus raffurante du monde.

Tout étoit en mouvement dans le palais;
les lumieres ne s'éteignoient plus la nuit;

le bruit des enclumes & des ouvriers qui
s'empreſſoient à finir leurs ouvrages ; la voix
des femmes & de leurs gardiens qui chantoient en brodant, tout cela interrompoit
le ſilence de la nature & plaiſoit infiniment à Vathek, qui croyoit bientôt marcher
en triomphe pour s'aſſeoir ſur le trône de
Suleïman.

Les peuples n'étoient pas moins contents
que lui ; ils mettoient tous la main à l'œuvre pour hâter le moment qui devoit les
délivrer des tirannies d'un maître ſi biſarre.

Le jour qui précéda le départ de ce prince
inſenſé, fut employé par Carathis à lui
renouveller ſes avis & ſes conſeils ; elle ne
ceſſoit de lui répéter les décrets du parchemin myſtérieux qu'elle avoit appris par
cœur, & de lui recommander de n'entrer
chez qui que ce fût pendant la route. Tu
fais bien, lui diſoit-elle, que tu es friand
de bon plats & de jeunes filles ; mais con-
tente-toi de tes anciens cuiſiniers, les plus
excellens du monde, & n'oublie pas que
dans ton ferrail ambulant, il y a pour le
moins trois douzaines de jolis viſages aux-

quels. Bababalouk n'a pas encore levé le
voile. J'aurois grande envie de veiller moi-
même à ta conduite, & de voir ce palais
souterrain qui contient sans doute, tout ce
qu'il y a de plus intéressant pour les gens
de notre espece ; car il n'est rien que j'aime
tant que de me fourrer dans des cavernes ;
mon goût pour les corps morts & tout ce
qui est momie est décidé, & je gage que
tu vas voir ce qu'il y a de plus exquis dans
ce genre. Ne m'oublie donc pas, & dès le
moment que tu seras en possession des talismans qui doivent t'ouvrir le royaume
des minéraux & le centre de la terre, ne
manque pas d'envoyer ici quelque Génie de
confiance, pour me prendre ainsi que mon
cabinet ; car l'huile de ces serpens que j'ai
pincé jusqu'à la mort, sera un fort joli présent pour Giaour, qui ne peut que se plaire
à ces sortes de friandises.

A peine Carathis avoit fini ce beau dis-
cours, que le soleil, se couchant derriere
la montagne aux quatre sources, fit place
à la lune. Cet astre, alors dans son plein,
paroissoit d'une beauté & d'une circonfé-

rence extraordinaire aux yeux des femmes, des Eunuques & des pages qui brûloient de voyager. La ville retentissoit de cris de joie & de fanfares ; on ne voyoit que plumes flottantes sur les pavillons, & qu'aigrettes brillant aux doux rayons de la lune. La grande place ne ressembloit pas mal à un parterre émaillé des plus belles tulipes de l'orient.

Le Calife en habits de la plus grande cérémonie, & s'appuyant sur son Visir & sur Bababalouk, descendit la grande rampe de la tour en face de tout son peuple ; il ne pouvoit s'empêcher de s'arrêter de temps en temps, pour admirer le beau spectacle qui s'offroit à sa vue ; tandis que toute la multitude, jusqu'aux chameaux magnifiquement chargés, s'agenouilloient devant lui. On garda d'abord un silence respectueux, qui ne fut troublé que par les cris de quelques Eunuques de l'arriere-garde. Ces vigilans serviteurs avoient remarqué que quelques cages à Dame penchoient trop d'un côté, & avoient découvert que quelques gaillards s'y étoient adroitement glisfés ; mais on les dénicha bien vite avec de bonnes recommandations au chirurgien du ſerrail.

Ces petits événemens n'interrompoient pas la majeſté d'une ſi ſuperbe ſcene. Vathek, cependant, ſalua la lune d'un air d'intelligence qui ne plut gueres à Morakanabad, ni aux Docteurs de la loi qui s'étoient raſſemblés, ainſi que les Viſirs & les Grands, pour jouir des derniers regards de leur Souverain.

Enfin, les clairons & les trompettes donnerent, ſur le ſommet de la tour, le ſignal du départ ; quoique parfaitement bien accordés, on crut entendre quelque diſſonance : mais c'étoit Carathis qui chantoit de maudites hymnes au Giaour, dont les négreſſes & les muets faiſoient la baſſe continue ſans articuler une parole. Les bons Muſulmans crurent entendre le bourdonnément de ces inſectes nocturnes qui ſont de mauvais préſage, & ſuppliérent Vathek d'avoir un très-grand ſoin de ſa perſonne ſacrée.

Au ſignal donné, on arbore le grand

étendart du Califat; vingt mille lances bril-
lent à fa fuite, & le Calife, foulant ma-
jeftueufement aux pieds les tiffus d'or qu'on
avoit étendus fur fon paffage, monte en
litiere, au frémiffement général de fes fujets.

On fe met en marche dans le plus bel
ordre & dans un fi grand filence, qu'on
entendoit même chanter les cigales dans
les buiffons de la plaine de Catoul. Comme on étoit gai & difpos, on fit fix bonnes lieues avant l'aurore; l'étoile du matin étinceloit encore dans le firmament,
quand ce nombreux train s'arrêta fur le
bord du Tigre, où l'on dreffa les tentes pour
fe repofer le refte de la journée.

Trois jours s'écoulerent de la même maniere; le quatrieme, le ciel en courroux
éclata de mille feux: la foudre faifoit un
fracas épouvantable, & les Circaffiennes
tremblantes embraffoient leurs vilains gardiens de toute leur force. Le Calife lui-
même avoit grande envie de fe réfugier dans
le gros bourg de Ghulchiffar, dont le Gouverneur étoit venu à fa rencontre, pour lui
offrir tous les rafraichiffemens qui dépen-

doient de lui ; mais il regarda fes tablettes,
& fe laiffa intrépidement mouiller jufqu'aux
os, malgré les inftances de fes favorites.
Quoiqu'il commençât à regretter les palais
des fens, il ne perdoit pas de vue fon entré-
prife, & fes grandes efpérances ranimoient
fon courage. Il fit donc appeller fes géo-
graphes ; le temps étoit fi déteftable que ces
pauvres gens faifoient une trifte figure ;
d'ailleurs, on n'avoit point fait de long
voyage depuis Azour Al-Rachid, & les car-
tes des différents pays fe trouvoient en un
état non moins piteux. On ne favoit plus
de quel côté fe tourner ; car Vathek, qui
avoit de grandes connoiffances de la fituation des cieux, ne favoit où il en étoit fur
la terre. Il grondoit plus encore que les
élémens, & marmotoit quelques mots de
potence qui ne flattoient pas bien agréablement les oreilles littéraires. Ennuyé de la
grande route, il voulut abfolument traver-
fer des rochers efcarpés, & fuivre un chemin qu'un payfan lui avoit indiqué comme
devant en quatre jours le conduire à Rocnabad. On eût beau lui faire des remon-

trances, son parti étoit pris; il fallut s'em-
parer de la province des chevres qui fuyoient
par gros troupeaux. Il étoit curieux de
voir sur ces rochers arides des chameaux
richement caparaçonnés, & ondoyer des
pavillons d'or & de soie sur des cîmes qui
n'avoient jamais été couvertes que de chardons & de triste fougere.

Les femmes & les Eunuques faisoient
des cris pitoyables, en voyant les horribles précipices qui étoient des deux côtés
de l'étroit sentier qu'il falloit suivre, & la
triste perspective des gorges des montagnes.
La nuit tomba avant qu'on eût gagné le
sommet du plus haut rocher : alors un vent
furieux s'éleva, mit en pieces les rideaux
des palanquins & des cages, & laissa à
découvert, au grand air, les pauvres Dames qui ne s'étoient jamais trouvées si froi-
dement de leur vie. Les épais nuages qui
couvroient la face des cieux, augmentoient
la terreur de cette nuit désastreuse : aussi ce
n'étoit que miaulement des pages, & pleurs
des Demoiselles.

Pour surcroit de malheur, on entendit

dans le lointain des rugiſſemens effroyables , & bientôt on apperçut dans l'épaiſ-
ſeur des noires forèts dont ces lieux étoient
environnés , des yeux flamboyans qui ne
pouvoient appartenir qu'à des diables ou
à des tigres. Les pionniers , qui préparoient
le chemin du mieux qu'ils pouvoient ,
& une partie de l'avant-garde , furent dévo-
rés avant que de pouvoir ſe reconnoître.
La confuſion étoit extrème ; les loups , les
tigres , & les autres animaux carnaciers ,
invités par leurs compagnons , accouroient
de toutes parts. On entendoit croquer des
os de tous côtés , & un bruit épouvantable d'ailes ſur la tète ; car les vautours
commençoient à ſe mettre de la partie.

L'effroi parvint enfin au grand corps de
troupes qui entouroit le monarque & ſon
Harem , & qui étoit à deux lieues de diſ-
tance. Vathek , couché mollement ſur des
couſſins de ſoie dans ſon ample litiere ,
& ayant auprès de lui deux petits pages ,
plus blancs que l'émail de Frenguſtan , qui
lui chaſſoient les mouches , dormoit d'un
profond ſommeil , & voyoit briller les tré-

fors de Suleïman dans fes rêves. Il s'éveilla
en furfaut aux clameurs de fes femmes,
& au lieu du Giaour avec fa clef d'or,
il vit Bababalouk tout tranfi & confterné :
Sire, s'écria ce bon ferviteur du plus puif-
fant des monarques, le malheur eft à fon
comble; les bétes féroces, qui ne vous
refpeɗent pas plus qu'un âne mort, font
tombées fur vos chameaux & leurs conducteurs; trente des plus richement chargés
ont fuccombé, ainfi que vos boulangers,
vos cuifiniers, & ceux qui portoient vos
provifions de bouche, & fi notre faint
Prophète ne nous protege pas, nous ne
mangerons plus de notre vie. A ce mot
de manger, le Calife perdit toute contenance; il fe mit à hurler, & à fe donner
des coups dans les ténébres; car on n'y
voyoit goutte. La rumeur augmentoit à
chaque inftant. Bababalouk fentant que fon
maître n'étoit bon à rien, fe boucha tranquillement les oreilles pour ne pas entendre le tintamare du Harem, & cria tout
haut: allons, Mefdames & mes confreres,
mettez tous la main à l'œuvre, battez le

briquet au plus vite, il ne sera jamais dit, que le commandeur des vrais croyans serve de pâture à des animaux infideles. Quoiqu'il y eut assez de capricieuses, & de revèches parmi ces belles, elles furent toutes soumises dans cette occasion. Dans un clin-d'œil, on vit paroître des feux dans toutes les cages. Dix mille flambeaux furent allumés en un instant; le Calife lui-même s'empara d'un gros cierge; tout le monde en fit autant. Des étoupes trempées dans l'huile & allumées au bout de longues perches, jetterent un éclat merveilleux. Les rochers étoient éclairés comme en plein jour; ce n'étoit que des tourbillons d'étincelles, qui, élancées par le vent, allumoient la fougere; on voyoit de toutes parts ramper des serpens étonnés, qui abandonnoient leur demeure avec des sifflemens effroyables. Les chevaux hennissoient & battoient du pied; & portant le nez au vent, ruoient sans miséricorde.

Une des forêts de cedre, qu'on côtoyoit alors, s'étant embrasée, & les branches qui pendoient sur le chemin ayant com-

muniqué les flammes aux fines mousselines,
& aux belles toiles, qui couvroient les cages des Dames, elles furent obligées d'en
fortir, au hazard de se rompre le col. Vathek, qui vomissoit mille blasphèmes, fut
forcé lui-même de mettre à terre ses pieds
sacrés.

Jamais rien de pareil n'étoit arrivé: les
Dames qui ne savoient pas marcher, tomboient dans la fange, pleines de dépit, de
honte & de rage. Moi, marcher! disoit
l'une; moi, mouiller mes pieds! disoit
l'autre; moi, salir mes robes! s'écrioit une
troisieme? exécrable Bababalouk! disoient-
elles toutes à la fois, ordure d'enfer! qu'a-
vois-tu à faire de flambeaux ! plutôt que
les tigres nous eussent dévorées que d'être
vues dans l'état où nous sommes! nous
voilà perdues pour jamais! il n'y aura pas
de porte-faix dans l'armée, ni de décrot-
teur de chameaux qui ne puisse se vanter
d'avoir vû une partie de notre corps, &,
qui pis est, nos visages. En disant ces mots,
les plus modestes se jetoient la face dans
les ornieres. Celles qui avoient un peu plus

de

de courage, en vouloient à Bababalouk; mais lui qui les connoissoit bien & qui étoit fin, s'enfuit à toutes jambes avec ses confreres, en fecouant leurs torches & battant des tymbales.

Il faifoit aussi clair que dans le plus beau jour de la canicule & chaud à proportion: Indigne fpectacle! on voyoit le Calife embourbé, ainfi qu'un fimple mortel! Comme on s'apperçut que fes fens étoient engourdis, une de fes femmes Ethiopiennes, car il en avoit une grande variété, le prit à braffe-corps, le chargea fur fon dos comme un fac de dates, & voyant que le feu gagnoit de tous côtés, fe mit à courir avec la plus grande vélocité, malgré fa charge. Les autres dames, qui avoient retrouvé l'ufage de leurs pieds, la fuivoient; & après elles, les gardes qui galopoient, & les palfreniers qui faifoient courir les chameaux auffi vite qu'il étoit poffible.

On arriva enfin au lieu où les bêtes féroces avoient commencé le carnage; mais elles avoient trop d'efprit pour ne s'être pas retirées à un fi horrible vacarme, ayant, du

F

reste, soupé à merveille. Bababalouk pourtant se saisit de deux ou trois des plus grasses qui n'avoient pu bouger de leur place, & se mit à les écorcher proprement. Comme on étoit déjà assez éloigné de l'embrasement pour que la chaleur ne fut que médiocre & agréable, on se détermina à s'arrêter dans l'endroit où l'on étoit. On ramassa les morceaux de toiles peintes, on enterra les débris du repas des loups & des tigres ; on se vengea sur quelques douzaines de vautours qui en avoient leur saoul ; & après avoir fait le dénombrement des chameaux qu'on laissa tranquillement faire du sel ammoniac ; après avoir encagé les Dames , on dressa la tente impériale sur le terrain le plus uni qu'il fût possible de trouver.

Vathek, couché sur ses matelats de duvet, commençoit à se refaire des secousses de l'Ethiopienne, qui passoit pour une des plus rudes montures: il demandoit à manger ; mais hélas! ces pains délicats qu'on cuisoit dans des fours d'argent pour sa bouche royale, ces gâteaux friands, ces confitures ambrées, ces flacons de vin de Shiraz, ces porcelaines remplies de neige, des excellens raisins qui croissent sur les bords du Tygre; tout avoit disparu. Bababalouk n'avoit plus rien à offrir qu'un gros loup roti, des vautours à la daube, des herbes fortement aromatiques, des champignons sauvages, des chardons bouillis, & des racines que la terre offroit d'elle-même dans ces lieux incultes; mais qui ulcéroient la gorge & mettoient la langue en pieces: il n'étoit pas mieux en liqueurs, car il ne pouvoit joindre à ces mets altérants que quelques phioles de méchante eau-de-vie, que les marmitons avoient cachées dans leurs pabouches.

Vathek faisoit une triste mine en voyant un si détestable repas; Bababalouk répondoit par maintes grimaces, mais pourtant il mangea assez bien & dormit tout d'un sommeil pendant six bonnes heures. Les rayons du soleil réfléchis par ces arides montagnes troublerent enfin son repos malgré les rideaux qui l'enveloppoient; il s'éveilla effrayé, hors de lui-même, & piqué

jufqu'au fang par des mouches, couleur d'ab-
fynte, qui exhaloient une odeur révoltante
en remuant leurs ailes : le miférable prince ne
favoit plus quel parti prendre ; il y fongeoit
pourtant du mieux qu'il pouvoit, tandis que
Bababalouk continuoit de ronfler environné
d'un effain de cés vilains infectes qui lui cour-
tifoient le nez. Les petits pages exténués
avoient jeté leurs éventails par terre ; ils
employoient leur mourante voix à faire des
reproches amers au Calife, qui, pour la premiere fois de fa vie, fit connoiffance avec
la vérité.

Alors il fe mit à renouveller fes imprécations contre le Giaour, & commença
même à dire quelques douceurs à Mahomet. Où fuis-je ! s'écrioit-il : quels font ces
affreux rochers ! ces vallées de ténèbres !
fommes-nous arrivés à l'épouvantable Caf !
la Simorgue va-t-elle venir me crever les
yeux pour me punir de mon expédition
impie ! En parlant ainfi, il pleuroit comme
un veau, & tout en pleurant, il mit la tête
à une lucarne du pavillon ; mais hélas !
quels objets fe préfenterent à fa vue ? D'un

côté, une plaine de fable noirâtre dont on ne voyoit point l'extrèmité ; de l'autre, des rochers perpendiculaires tout couverts de ces abominables chardons qui lui faifoient encore cuire la langue. Il crut pourtant découvrir parmi les ronces & les épines, quelques fleurs gigantefques ; il fe trompoit, ce n'étoit que des morceaux des toiles peintes déchirées, & des lambeaux de fon magnifique cortege. Comme il y avoit plufieurs crevaffes dans le roc où l'on pouvoit fuppofer que l'eau avoit coulé, Vathek prêta l'oreille, dans l'efpoir d'entendre le bruit de quelque torrent ; mais il n'entendit que le fourd murmure de fes gens, qui, en maudiffant leur voyage, demandoient de l'eau. Pourquoi, difoient-ils, avons nous été conduits ici ? Notre Calife a-t-il quelqu'autre tour à bâtir ! ou eft-ce que les Afrites impitoyables que Carathis aime tant, font ici leur demeure.

A ce nom de Carathis, Vathek fe reffouvint de certaines tablettes que fa mere lui avoit données, en lui difant qu'elles étoient douées de qualités furnaturelles, &

en lui conseillant d'y avoir recours dans
les cas désespérés. Pendant qu'il les feuil-
letoit, il entendit un cri de joie & un bat-
tement de mains; bientôt les rideaux du
pavillon s'ouvrirent & il vit Bababalouk
qui, suivi d'une troupe de ses favorites, lui amenoit deux Nains d'une coudée de haut, portant une grande corbeille
remplie de melons, d'oranges & de grenades. Ils chantoient d'une voix argentine les
paroles suivantes: Nous habitons sur la cime
de ces rochers une cabane tissue de cannes & de joncs ; les aigles nous envient
notre nid, une petite source nous y fournit de quoi faire l'Abdeste, & jamais un jour
ne se passe sans que nous récitions les prieres qui sont agréables à notre saint Prophete.
Nous vous chérissons, ô commandeur des
fideles ! Notre maître, le bon Emir Fakreddin, vous chérit aussi ; il révere en vous le
vicaire de Mahomet. Tous petits que nous
sommes, il a de la confiance en nous ; il
sait que nos cœurs sont aussi bons que nos
corps sont méprisables ; & il nous a placés
ici pour secourir ceux qui s'égarent dans ces

triftes montagnes. Nous étions, la nuit
paffée, occupés dans notre petite cellule à
la lecture du faint Coran, quand les vents
impétueux ont éteint nos lumieres, & fait
trembler notre habitation. Deux heures fe
font écoulées dans les plus profondes ténèbres ; mais nous entendions au loin des
fons que nous avons pris pour ceux des
clochettes d'un Cafila qui traverfoit les rocs.
Bientôt nos oreilles ont été épouvantées
par des cris lamentables, des rugiffemens
affreux, & le fon des tymbales. Glacés d'effroi, nous avons penfé que le Déjal avec
fes anges exterminateurs, venoit répandre
fes fleaux fur la terre. Nous faifions ces
triftes refléxions, quand nous avons vû des
flammes couleur de fang s'élever fur l'horifon, & nous nous fommes trouvés quelques momens après tout couverts d'étincelles. Hors de nous mêmes à ce fpectacle
effrayant, nous avons pris le livre dicté
par les bienheureufes Intelligences, nous
nous fommes agenouillés, & à la clarté des
feux qui nous entouroient, nous avons ré-
cité le verfet qui dit ; " On ne doit mettre

„ fa confiance qu'en la miféricorde du ciel;
„ il n'y a de reffource que dans le faint Pro-
„ phete; la montagne de Caf elle - même
„ peut trembler, la puiffance d'Allah eft
„ feule inébranlable ". Après avoir prononcé ces paroles, nous nous fommes fen-
tis confolés; un calme célefte s'eft emparé
de nos efprits; tout a fait filence; & nos
oreilles ont diftinctement ouï dans l'air
une voix qui difoit; ferviteurs de mon ferviteur fidele, mettez vite vos fandales, &
defcendez dans l'heureufe vallée de Fakreddin; dites lui qu'aujourd'hui, une occafion
illuftre fe préfente pour fatisfaire la foif de
fon cœur hofpitalier. C'eft le commandeur
des vrais croyans qui erre lui-même dans
ces montagnes; il faut le fecourir. Joyeu-
fement, nous avons obéi à l'angelique miffion; & notre maître plein d'un zele pieux
a cueilli de fes propres mains, ces melons,
ces oranges, ces grenades; il nous fuit
avec cent dromadaires chargés des eaux les
plus limpides de fes fontaines; il vient baifer la frange de votre robe facrée, & vous
fupplier d'entrer dans fon humble demeure,

qui, comme une émeraude dans le plomb, eft enchâffée dans ces déferts arides. Les nains, après avoir parlé ainfi, refterent debout les mains croifées fur l'eftomac, & dans un profond filence.

Vathek, pendant cette belle harangue, s'étoit faifi de la corbeille, & long-temps avant qu'elle fut finie, les fruits s'étoient fondus dans fa bouche. A mefure qu'il les mangeoit, il devenoit pieux, récitoit fes prieres & demandoit en même temps, l'Alcoran & du fucre.

Il étoit dans ces difpofitions, quand les tablettes qu'il avoit laiffées de côté à l'apparition des nains, lui donnerent dans la vue, il les reprit; mais penfa tomber de fon haut, en y voyant en grands caracteres rouges, tracés par la main de Carathis, ces paroles qui étoient d'un à propos à faire trembler: garde-toi bien des vieux docteurs & de leurs petits meffagers, qui n'ont qu'une coudée; méfie-toi de leurs fupercheries pieufes, au lieu de manger leurs melons, il faut les mettre eux-mêmes à la broche. Si tu es affez bête pour entrer chez eux, la porte

du palais fouterrain fe fermera à ton nèz;
& fon mouvement te mettra en lambeaux.
On crachera fur ton corps, & les chauves-
fouris feront leur nid de ton ventre.

Qu'eft-ce que c'eft, que ce fatras épouvantable ? s'écria, le Calife : faut-il que j'ex-
pire de foif dans ces déferts de fable, pendant que je puis me rafraichir dans l'heureufe vallée des melons, & des concombres ?
Que maudit foit le Giaour avec fon portail
d'ébene ; il m'a fait affez morfondre, d'ailleurs qui me donnera des loix ? je ne dois
entrer chez perfonne, dit-on ; eh ! puis-je
entrer, dans quelque lieu qui ne m'appar-
tienne ! Rababablouk, qui ne perdoit pas une
parole de ce foliloque, y applaudiffoit de
tout fon cœur, & pour la premiere fois,
toutes les Dames furent de fon avis.

On fêta les nains, on les careffa, on les
mit bien proprement fur de petits carreaux
de fatin ; on remarqua la fymétrie de leurs
petits corps ; on vouloit tout voir ; on leur
préfenta des breloques & du bonbon ; mais
ils refuferent tout avec une gravité admirable. Ils grimperent fur l'eftrade du Calife,

& se plaçant sur ses épaules, l'un à sa droite, & l'autre à sa gauche, ils se mirent tous deux à la fois à bourdonner des prieres dans ses oreilles. Leurs petites langues alloient comme des feuilles de tremble, & la patience de Vathek touchoit à sa fin, quand les acclamations des troupes annoncerent l'arrivée de Fakreddin, qui venoit avec cent barbons, autant d'Alcorans & autant de Dromadaires. On se mit vite aux ablutions & à réciter le Bismillah. Vathek se débarrassant de ces importuns moniteurs, en fit de même; car il avoit les mains brûlantes.

· Le bon Emir qui étoit religieux à toute outrance, & grand complimenteur, fit une harangue cinq fois plus longue, & cinq fois moins intéressante, que celle que ses petits précurseurs avoient faite. Le Calife n'y pouvant plus tenir, s'écria; pour l'amour de Mahomet, finissons, mon cher Fakreddin, & allons dans votre verte vallée, manger les beaux fruits, dont le ciel vous a fait présent. Sur ce mot d'allons, on se mit en marche; les vieillards alloient un peu lentement; mais Vathek, fous main, avoit ordonné aux petits pages d'éperonner les dromadaires : de grands éclats de rire fortoient de toutes les cages ; car les cabrioles que ces pauvres animaux faifoient, & l'embarras de leurs cavaliers octogenaires étoient fort plaifans.

On defcendit pourtant heureufement dans la vallée par de grands efcaliers que l'Emir avoit fait pratiquer dans le roc ; & déja on commençoit à entendre le murmure des ruiffeaux, & le frémiffement des feuilles. Le cortege enfila bientôt un fentier bordé d'arbuftes fleuris, qui aboutiffoit à un grand bois de palmier, dont les branches ombrageoient un vafte bâtiment de pierre de taille ; cet édifice étoit couronné de neuf dômes, & orné d'autant de portails de bronze, fur lefquels les mots fuivants étoient gravés en émail ; c'eft ici l'afyle des pélerins, le refuge des voyageurs, & le dépôt des fecrets de tous les pays du monde.

Neuf pages, beaux comme le jour, & décemment vétus de longues robes de lin d'Egypte, fe tenoient à chaque porte. Ils

reçurent toute la proceſſion d'un air ouvert & careſſant ; quatre des plus aimables
d'entr'eux placerent le Calife ſur un Tec-
thravan magnifique ; quatre autres un peu
moins gracieux, ſe chargerent de Bababalouk, qui tréſſailloit de joie en voyant l'heureux gîte qu'il devoit avoir, & les autres
pages eurent ſoin du reſte du train.

Quand tout ce qui étoit mâle eût diſparu, la porte d'une grande enceinte qu'on
voyoit à droite, tourna ſur ſes gonds harmonieux, & il en ſortit une jeune perſonne
d'une taille légere, & dont la chevelure
d'un blond cendré flottoit au gré des zéphirs du crépuſcule. Une troupe de jeunes
filles, ſemblables aux pleyades, la ſuivoit
ſur la pointe des pieds. Elles accoururent
aux pavillons où étoient les Sultanes, & la
jeune Dame s'inclinant avec grace, leur
dit : mes charmantes princeſſes, on vous
attend, nous avons dreſſé les lits de repos,
& jonché vos appartemens de jaſmin : nul
inſecte ne chaſſera le ſommeil de vos paupieres, nous les écarterons avec un million
de plumes. Venez donc, aimables Dames,

rafraichir vos pieds délicats, & vos membres d'yvoire dans des bains d'eau rofe,
& à la douce lueur des lampes parfumées,
vos fervantes vous feront des contes.

Les Sultanes accepterent avec grand plaifir, ces offres obligeantes, & fuivirent la
jeune Dame dans le Harem de l'Emir ; mais
il faut les quitter un moment pour retourner au Califc.

Ce prince fe trouva fous un grand dôme, éclairé de mille lampes de criftal de
roche. Autant de vafes de la même matiere, remplis d'un forbet excellent, étince-
loient fur une grande table où l'on avoit
placé une profufion de mets délicats. Il y
avoit entr'autres du ris au lait d'amandes,
des potages au faffran, & de l'agneau à la
crème, que le Calife aimoit beaucoup. Il
en mangea avec excès, témoigna bien de
l'amitié à l'Emir dans la gaieté de fon cœur,
& fit danfer les nains malgré eux; car ces
petits dévôts n'ofoient défobéir au commandeur des fideles, enfin il s'étendit fur le
fopha, & dormit plus tranquillement qu'il
n'avoit fait de fa vie.

Il régnoit fous ce dôme un filence paifible, interrompu feulement par le bruit des mâchoires de Bababalouk, qui man-geoit à ventre déboutonné, pour fe refaire du trifte jeûne auquel il avoit été forcé dans les montagnes. Comme il étoit trop gai pour dormir, & qu'il n'aimoit pas à être défœuvré, il voulut aller tout de fuite au Harem pour foigner fes Dames, voir fi elles s'étoient frottées à propos de bau-me de la Mecque; fi leurs fourcils, & tou-tes les autres chofes étoient en ordre chez elles; enfin pour leur rendre tous les me-nus fervices dont elles avoient befoin. Il chercha long-temps; mais fans fuccès, la porte qui conduifoit au Harem. Il n'ofoit crier de peur d'éveiller le Calife, & per-fonne ne bougeoit dans le palais. Il com-mençoit à défefpérer de venir à bout de fon deffein, lorfqu'il entendit un petit chu-chotement; c'étoient les nains qui étoient retournés à leur ancienne occupation, & qui pour la neuf-cent-neuvieme fois de leur vie, relifoient l'Alcoran. Il inviterent très-poliment Bababalouk à les entendre; mais il avoit bien d'autres chofes en tête. Les nains, quoiqu'un peu fcandalifés de fa morale relâchée, lui indiquerent le chemin des appartemens qu'il cherchoit. Il falloit pour y arriver paffer par cent corridors fort obfcurs; il les enfila en tâtonnant. Enfin au bout d'une longue allée, il commença à entendre l'agréable caquet des femmes, qui lui réjouit le cœur. Ah! ah! n'êtes-vous pas encore endormies? s'écria-t-il, en faifant de grandes enjambées; ne croyez pas que j'aie abjuré ma charge; je m'étois feulement arrêté pour manger les reftes de notre maître. Deux Eunuques noirs en entendant parler fi haut, fe détacherent des autres à la hâte, & le fabre à la main; mais bientôt on repéta de tous côtés; ce n'eft que Bababalouk, ce n'eft que Bababalouk. En effet, ce vigilant gardien s'avança vers une portiere de foie incarnat, à travers de laquelle luifoit une clarté agréable, qui lui fit diftinguer un grand bain ovale de porphire foncé; d'amples rideaux tombant en grands replis, entouroient ce bain; mais ils étoient à demi ouverts & laiffoient entrevoir

des

des groupes de jeunes efclaves, parmi lefquelles Bababalouk voyoit fes anciennes
pupiles étendant mollement les bras, comme pour embraffer l'eau parfumée, & fe refaire de leurs fatigues. Les regards langoureux & tendres, les mots à l'oreille, & les
fourires enchanteurs qui accompagnoient
les petites confidences, la douce odeur des
rofes, tout infpiroit une volupté, contre
laquelle Bababalouk lui-même, avoit de la
peine à fe défendre.

Il garda pourtant un morne férieux, &
commanda d'un ton magiftral qu'on fît fortir ces belles de l'eau, & qu'on les peignât
d'importance. Tandis qu'il donnoit ces ordres, la jeune Nouronihar, fille de l'Emir,
gentille comme une gazelle, & pleine d'ef-
piéglerie, fit figne à une de fes efclaves de
faire defcendre tout doucement la grande
efcarpolette qui étoit attachée au plancher
avec des cordons de foie : pendant qu'on
faifoit cette manœuvre, elle parla des
doigts aux femmes qui étoient dans le bain,
& qui bien fâchées de fortir de ce féjour
de molleffe, fe mirent à entortiller leurs

cheveux pour donner de l'occupation à Bababalouk, à qui elles faifoient mille autres niches pour le mettre hors de lui-
même.

Quand Nouronihar le vit bien las, elle
s'approcha de lui avec un refpect affecté:
Seigneur, lui dit-elle, il n'eft pas décent
que le chef des Eunuques du Calife, notre
Souverain, fe tienne ainfi debout; daignez
repofer votre gentille perfonne fur ce fopha,
qui fe rompra de dépit s'il n'a pas l'honneur de vous recevoir. Charmé de ces accens flatteurs, Bababalouk répondit galam-
ment: Délices de mes prunelles, j'accepte
la propofition qui découle de vos levres
fucrées, &, à dire la vérité, mes fens font
affoiblis par l'admiration que m'a caufé la
fplendeur rayonnante de vos charmes. Re-
pofez-vous donc bien, reprit la belle en le
plaçant fur le prétendu fopha, qui tout d'un
coup partit comme un éclair. Toutes les
femmes qui alors virent clairement de quoi
il étoit queftion, fortirent nues du bain,
& fe mirent follement à donner le branle
à l'efcarpolette qui, parcourant tout l'efpace

d'un dome fort élevé, ôtoit la respiration
à la pauvre victime. Quelquefois il rasoit
l'eau, & quelquefois il alloit donner du nez
contre les vitres : envain il remplissoit l'air
de ses cris avec une voix qui ressembloit
au son d'un pot cassé ; le bruit des éclats
de rire ne permettoit pas de les entendre.

Nouronihar, ivre de jeunesse & de gaieté, étoit bien accoutumée aux Eunuques
des Harems ordinaires ; mais n'en avoit jamais vu d'aussi dégoûtant & d'aussi royal ;
aussi se divertissoit-elle plus que toutes les
autres : enfin, elle se mit à parodier des
vers Persans, & chanta : douce & blanche
colombe qui vole dans les airs, donne quelque œillade à ta fidele compagne. Gazouil-
lant rossignol, je suis ta rose ; chante-moi
donc quelques couplets agréables.

Les Sultanes & les esclaves, animées par
ces plaisanteries, firent tant jouer l'escar-
polette que la corde se cassa, & le pauvre
Bababalouk tomba comme une tortue au
milieu du bain. Il se fit un cri général ;
douze petites portes qu'on n'appercevoit pas
s'ouvrirent, & l'on s'échappa bien vite après

lui avoir jeté tous les linges fur la tête, & avoir éteint toutes les lumieres.

Le déplorable animal dans l'eau jufqu'au col & dans l'obfcurité, ne pouvoit fe débaraffer du fatras qu'on lui avoit jeté, & entendoit, à fa grande douleur, des éclats de rire de tous côtés. C'étoit en vain qu'il fe débattoit pour fortir du bain ; le bord tout imbibé de l'huile qu'on avoit répandue en caffant les lampes, le faifoit gliffer & retomber avec un bruit lourd qui réfonnoit dans le dôme. A chaque chûte, les maudits éclats de rire redoubloient ; & lui qui croyoit ce lieu habité par des démons plutôt que par des femmes, prit le parti de ne plus tâtonner, mais de refter triftement dans le bain, où il fe mit à faire des foliloques remplis d'imprécations, dont fes malicieufes voifines, qui étoient mollement couchées enfemble, ne perdoient pas un mot. Le matin le furprit dans ce bel état : le Calife le faifoit déja chercher par tout : on le tira enfin de deffous le monceau de linge dont il étoit à demi étouffé, & trempé jufqu'aux os. Il arriva en boitant & en craquant des dents devant fon maître, qui s'écria en le voyant ainfi : qu'as-tu donc ? qu'eft-ce qui te fait paroître ici à la marinade ? Et qu'eft-ce qui vous a fait entrer vous-même dans ce maudit gite, répondit Bababalouk, d'un air grogneur ? Eft-ce qu'un Monarque, tel que vous, doit venir fe fourrer, avec fon Harem, chez un barbon d'Emir qui ne fait pas vivre ? Les gracieufes Demoifelles qu'il tient ici ! imaginez-vous qu'elles m'ont trempé comme une croute de pain, & m'ont fait danfer comme un Saltimbanque fur leur maudite efcarpolette pendant toute la nuit. Voilà un bel exemple pour vos Sultanes que j'ai éduquées avec tant de bienféance.

Vathek ne comprenant rien à ce difcours fe fit expliquer toute l'hiftoire ; mais au lieu de plaindre le pauvre here, il fe mit à rire de toute fa force, de la figure qu'il devoit faire fur l'efcarpolette. Peu s'en fallut que Bababalouk ne perdit tout refpect : riez, riez, Seigneur, difoit-il ; je voudrois que cette Nouronihar vous jouât auffi quelque tour ; elle eft affez méchante pour ne pas vous épargner vous-même. Ces mots ne firent pas d'abord une grande impreffion fur le Calife ; mais il s'en reffouvint peu après.

Cette converfation fut interrompue par Fakreddin qui vénoit inviter Vathek à des prieres folemnelles, & aux ablutions qui fe faifoient dans une vafte prairie, arrofée par une infinité de ruiffeaux. Le Calife trouva l'eau fraiche, & les prieres ennuyeufes à la mort. Il fe divertiffoit pourtant de la multitude de Calenders, de Santons & de Derviches, qui alloient & venoient dans la prairie, mais plus encore des Bramanes, des Faquirs & autres cagots venus des grandes Indes, qui s'étoient arrêtés, en voyageant, chez l'Emir ; ces derniers avoient tous quelque momerie favorite : les uns trainoient une grande chaîne ; les autres un Ourang-Outang ; d'autres étoient armés de difciplines ; tous réuffiffoient à merveille dans leurs différens exercices. Ils grimpoient fur les arbres, tenoient un pied en l'air, fe balançoient fur un petit feu, & fe donnoient des nazardes fans pitié. Il y en avoit auffi qui chériffoient la vermine, qui ne répondoit pas mal à leurs careffes. Ces magots ambulans foulevoient le cœur des Derviches, des Calenders & des Santons ; on les avoit bien vite raffemblés, dans l'efpoir que la feule préfence du Calife les guériroit de leur folie, & les convertiroit à la foi mufulmane : mais hélas ! combien on fe trompoit ! Au lieu de les prêcher, Vathek les traita comme des bouffons, leur dit de faire fes complimens à Vifnou & à Ixhora, & fe prit de fantaifie pour un gros vieillard de l'ifle de Serendib, qui étoit le plus ridicule de tous. Ah ! ça, lui dit-il, pour l'amour de vos dieux, faites quelque fottife pommée pour m'amufer. Le vieillard offenfé fe mit à pleurer ; & comme il étoit un vilain pleureur, le Calife lui tourna le dos, & prêta l'oreille à Bababalouk, qui, le fuivant avec un parafol, lui difoit : que Votre Majefté prenne garde à cette étrange populace qu'on a bien mal fait de raffembler ici, je ne fais pourquoi. Faut-il donner de tels fpectacles à un grand Monarque, avec des intermedes de Talapoins plus galleux

que des chiens ? Si j'étois vous, j'ordon-
nerois un grand feu, & je purgerois la terre
de l'Emir, de fon Harem & de toute fa mé-
nagerie. Tais-toi, bête que tu es toi-même, répondit Vathek, fais-tu que tout ceci
m'amufe infiniment, & que je ne quitterai
pas la prairie que je n'aie vifité chaque ru-
che de ces pieux mendians.

A mefure que le Calife alloit en avant,
on lui préfentoit toutes fortes d'objets pitoyables ; des aveugles, des demi-aveugles,
des Meffieurs fans nez, des Dames fans
oreilles ; le tout pour relever la grande
charité de Fakreddin qui, avec fes barbons,
difperfoit les cataplâmes & les emplâtres à
la ronde. A midi, il fe fit une fuperbe
entrée d'eftropiés, & bientôt il fe forma
par pelotons, dans la plaine, les plus jolies fociétés d'infirmes qu'on eut jamais
vues dans le monde. Les aveugles alloient
tâtonnant avec les aveugles ; les boiteux
clochoient enfemble, & les manchots fe
faifoient les uns aux autres, des geftes avec
le feul bras qui leur reftoit. Les bords
d'une grande chûte d'eau étoient garnis de

fourds , parmi lefquels il y en avoient qui venoient de Pegû avec les oreilles les plus belles , & les plus larges poffibles; mais qui entendoient encore moins que leurs voifins. On voyoit auffi là d'autres fuper-fluités, comme goitres, boffes, & même quelques cornes d'un poli exquis.

L'Emir voulant rendre la fête folemnelle pour faire honneur à fon illuftre convive, fit étendre de tous côtés fur le gazon, des peaux, & des nappes fur lefquelles on fervit des pilaus de toutes les couleurs, & autres mets orthodoxes pour les bons mufulmans, & par l'ordre de Vathek, qui étoit honteufement tolérant, des petits plats d'abominations aux autres. Ce prince, qui voyoit tant de bouches en mouvement, penfa qu'il étoit temps de donner quelque emploi à la fienne ; & malgré toutes les remontrances du chef des Eunuques , il voulut dîner fur le lieu même. Le complaifant Emir fit auffi-tôt dreffer une table à l'ombrage des faules. Le premier fervice fut du poiffon qu'on tiroit de la riviere qui couloit fur un fable doré au pied d'une colline fort haute, & qu'on rotiſſoit à meſure qu'on le prenoit en y faiſant une ſauce avec du vinaigre & des fines herbes qui croiſſent ſur le mont Sina ; car tout étoit excellent, & pieux chez l'Emir.

On en étoit aux entremets, quand tout à coup le ſon des luths ſe fit entendre ſur la colline, répété par les échos des montagnes voiſines. Le Calife, ſaiſi d'étonnement & de plaiſir, leva la tête & il lui tomba ſur le viſage un bouquet de jaſmin. Mille éclats de rire ſuccéderent à cette petite niche, & bientôt à travers les buiſſons on vit paroître les formes élégantes de pluſieurs jeunes filles qui ſautilloient comme des chevreuils : l'odeur de leurs chevelures parfumées parvint juſqu'à Vathek, qui, dans un eſpece de ſaiſiſſement ſuſpendit ſon repas, & dit à Bababalouck : Les Périſes ſont-elles deſcendues de leurs ſpheres ? remarque ſur tout celle dont la taille eſt ſi déliée, qui court ſi intrépidement ſur les bords des précipices, & qui en tournant ſa tête, ſemble ne faire attention qu'aux gracieux replis de ſa robe ? avec

quelle jolie petite impatience elle difpute
fon voile aux buiffons! feroit-ce elle qui
m'a jeté les jafmins? Oh! c'eft elle qui
vous jetteroit vous même du rocher en bas,
fi elle vous tenoit, répondit Bababalouk;
car c'eft ma bonne amie Nouronihar qui
m'a fi poliment prêté fon efcarpolette. Allons, mon cher feigneur & maître, continua-t-il en rompant une branche de faule,
permettez-moi de l'aller fuftiger pour vous
avoir manqué de refpect; l'Emir ne fauroit s'en plaindre; car, fauf ce que je dois
à fa piété, il a grand tort de tenir un troupeau de Demoifelles fur les montagnes, où
l'air vif donne trop d'activité à leurs penfées.

Paix, blafphémateur, dit le Calife, ne
parle pas ainfi de celle qui entraîne mon
cœur fur ces montagnes. Fais plutôt en forte que mes yeux puiffent fe fixer fur les
fiens, que je puiffe refpirer fa douce haleine. Comme elle court palpitant dans ces
lieux champêtres! En difant ces mots,
Vathek étendit fes bras vers la colline,
& levant les yeux avec une inquiétude
qu'il n'avoit jamais fentie, il cherchoit à

ne pas perdre de vue celle qui l'avoit déja captivé; mais ſa marche étoit auſſi difficile à ſuivre que le vol d'un de ces beaux papillons azurés de Cachemire, ſi rares & ſi ſemillants.

Vathek, non content de voir Nouronihar, vouloit auſſi l'entendre, & prètoit avidement l'oreille pour diſtinguer ſes accents. Enfin, il entendit qu'elle diſoit à une de ſes compagnes, en chuchottant derriere le petit buiſſon d'où elle avoit jeté le bouquet: il faut avouer qu'un Calife eſt une belle choſe à voir; mais mon petit Gulchenrouz eſt bien plus aimable; une treſſe de ſa douce chevelure vaut mieux que toute la riche broderie des Indes; j'aime mieux que ſes dents me ſerrent malicieuſement le doigt que la plus belle bague du tréſor impérial. Où l'as tu laiſſé, Sutlememé? pourquoi n'eſt-il pas ici?

Le Calife inquiet auroit bien voulu en entendre davantage ; mais elle s'éloigna avec toutes ſes eſclaves. L'amoureux monarque la ſuivit des yeux juſqu'à ce qu'il l'eùt perdue de vue, & demeura tel qu'un

voyageur égaré pendant la nuit, à qui les nuages dérobent la conftellation qui le dirige.
Un rideau de ténebres fembloit s'etre abaiffé
devant lui ; tout lui paroiffoit décoloré,
tout avoit pour lui changé de face ; le bruit
du ruiffeau portoit la mélancolie dans fon
ame ; & fes pleurs tomboient fur les jafmins
qu'il avoit recueilli dans fon fein brulant.
Il ramaffa mème quelques cailloux, pour fe
reffouvenir de l'endroit où il avoit reffenti
les premiers élans d'une paffion, qui jufqu'a-
lors lui avoit été inconnue. Deux' heures
s'écoulerent ; la nuit arriva avant qu'il
pût fe réfoudre à quitter ce lieu fatal. Mille
fois il avoit tâché de s'éloigner, mais c'é-
toit en vain ; une douce langueur s'étoit
emparée de fon ame, étendu fur le bord
du ruiffeau, il portoit fes regards fur la
cime bleuâtre du rocher, & difoit ; que ca-
ches-tu derriere toi ? qu'eft-ce qui fe paffe
dans tes folitudes ? qu'eft-elle devenue!
Ah Ciel! peut-ètre en ce moment elle erre
dans tes grottes avec fon heureux Gulchenrouz !

Cependant le ferein commençoit à tom-

ber; l'Emir inquiet pour la fanté du Calife
fit avancer la litiere impériale; Vathek,
perdu dans fes réveries, s'y laiffa porter
fans s'en appercevoir, & fut ramené dans
le fuperbe fallon où il avoit été reçu la
veille.

Mais, Sire, Votre Majefté me permettra
fans doute, de laiffer le Calife abimé dans fa
nouvelle paffion, & de fuivre fur les rochers
Nouronihar, qui avoit enfin rejoint fon cher
petit Gulchenrouz. Or ce Gulchenrouz
étoit le fils d'Ali Haffan, frere de l'Emir,
& la plus délicate, la plus aimable créature
de l'univers. Ali Haffan étoit parti depuis dix
ans pour voyager dans des mers incon-
nues, & avoit confié le feul enfant qui
lui reftât aux foins de Fakreddin. Gulchenrouz écrivoit en différents caracteres
avec une précifion merveilleufe, & pei-
gnoit fur le velin les plus jolis arabefques
du monde. Il accordoit fa douce voix avec
le luth de la maniere la plus attendriffante,
& quand il chantoit les amours de Méf-
gnoun & de Leilah, ou de quelqu'autres
amans infortunés de ces fiecles antiques,

les larmes baignoient imperceptiblement les joues de ſes auditeurs. Ses propres vers, (car comme Megnoun il étoit poëte), inſpiroient une langueur & une moleſſe bien dangereuſes pour les femmes, qui toutes l'aimoient à la folie ; car quoi qu'il eût treize ans, on ne l'avoit pas encore pu arracher du Harem. Sa danſe étoit légére comme le duvet que font flotter dans l'air les Zéphirs du printemps ; mais ſes bras qui s'entrelaſſoient ſi gracieuſement dans la danſe avec ceux des jeunes filles, ne pouvoient lancer les dards à la chaſſe, ni dompter les chevaux fougueux que ſon oncle nourriſſoit dans ſes pâturages. Il tiroit pourtant de l'arc d'une main ſûre, & auroit dévancé tous les jeunes gens à la courſe, ſi on avoit oſé rompre les liens de ſoie qui l'attachoient à Nouronihar.

Les deux freres avoient mutuellement engagé leurs enfans l'un à l'autre, & Nouronihar aimoit ſon couſin encore plus que ſes propres yeux, tout beaux qu'ils étoient. Ils avoient tous deux les mêmes goûts, & les mêmes occupations, les mêmes regards

longs & languiffans, la même chevelure ;
la même blancheur ; & quand Gulchenrouz
fe paroît des robes de fa coufine, il fembloit être plus femme qu'elle. Si par hazard,
il fortoit un moment du Harem pour aller
chez Fakreddin, c'étoit avec la timidité
d'un jeune faon qui s'eft féparé de la biche ;
il avoit pourtant affez d'efpieglerie pour fe
moquer des barbons folemnels, quoiqu'il
en fut tanfé fans miféricorde ; c'étoit alors
qu'il fe plongeoit avec tranfport dans l'intérieur du Harem, qu'il tiroit toutes les
portieres fur lui, & fe réfugioit en fanglot-
tant dans les bras de Nouronihar, qui aimoit fes fautes plus qu'on n'a jamais aimé
les vertus.

Il arriva que ce foir là, après avoir
laiffé le Calife dans la prairie, elle couroit
avec Gulchenrouz fur les montagnes tapif-
fées de gazon, qui protégeoient la vallée où
Fakreddin faifoit fa réfidence. Le foleil
quittoit l'horizon, & ces jeunes gens
dont l'imagination étoit vive & exaltée,
croyoient voir dans les beaux nuages du
couchant les dômes de Shaddukan, & d'Am-
breabad

breabad où les Péris font leurs demeures.
Nouronihar s'étoit affife fur le penchant de
la colline , & tenoit la tête parfumée de
Gulchenrouz fur fes genoux. La foirée étoit
tranquille; on n'entendoit que les voix des
autres jeunes filles qui puifoient de l'eau
fraiche , dans les nombreux torrens dont les
montagnes étoient arrofées. L'arrivée im-
prévue du Calife , l'éclat qui l'environnoit,
avoit déja répandu l'émotion dans l'ame ardente de Nouronihar. Entrainée par fa vanité , elle n'avoit pû s'empêcher de fe faire
remarquer de ce prince , & avoit bien pris
garde quand il avoit ramaffé les jafmins
qu'elle lui avoit jetés; auffi fut-elle toute
troublée quand Gulchenrouz lui demanda
ce qu'elle avoit fait du bouquet qu'elle avoit
cueilli pour lui. Elle le baifa au front, &
fe levant à la hâte, fe promena à grands pas,
agitée & inquiete, fur le bord des précipices. La nuit s'avançoit; l'or pur du foleil
couchant avoit fait place à un rouge fan-
guin ; des couleurs comme la réflexion
d'une fournaife ardente, donnoient fur les
joues enflammées de Nouronihar. Le pau-

H

vre petit Gulchenrouz treſſailloit juſqu'au fond de ſon ame, en voyant ſon aimable couſine ſi agitée; retirons-nous, lui diſoit-il, d'une voix timide, il y a quelque choſe de funeſte dans les cieux. Ces tamarins tremblent plus qu'à l'ordinaire, & ce vent me glace le cœur : allons, retiron-snous ; cette ſoirée eſt bien lugubre. Tout en diſant ces mots, il avoit pris ſa main, & l'entraînoit de toute ſa force. Nouronihar le ſuivoit ſans ſavoir ce qu'elle faiſoit; mille idées étranges lui rouloient dans l'eſprit ; elle paſſa le grand rond de chevrefeuil qu'elle aimoit tant, ſans y faire attention, quoique Gulchenrouz n'eût pû s'empêcher d'en arracher quelques tiges, en courant toujours comme ſi une bête ſauvage ſe fut miſe à ſes trouſſes.

Les jeunes filles les voyant venir en ſi grande hâte, crurent qu'ils vouloient danſer ſelon leur coutume; auſſitôt elles s'aſſemblerent en cercle & ſe prirent par la main ; mais Gulchenrouz, hors d'haleine, tomba ſur la mouſſe. La conſternation ſe répandit parmi cette troupe folâtre ; Nouronihar preſqu'hors d'elle-même, & fatiguée, non-feulement de fa courfe, mais encore du tumulte de fes penfées, fe laiffa tomber fur lui, prit fes petites mains glacées, les réchauffa dans fon fein, & frotta fes tempes d'une pommade odoriférante. Il revint enfin à lui, & s'envéloppant la tète dans la robe de Nouronihar, la fupplia de ne pas retourner encore au Harem. Il craignoit d'être grondé par Shaban, fon gouverneur, vieux Eunuque ridé & qui n'étoit pas des plus doux ; car il penfoit que ce gardien rebarbatif trouveroit mauvais qu'il eut dérangé la promenade accoutumée de Nouronihar. Toute la joyeufe bande s'affit en rond fur la peloufe, & on commença mille jeux enfantins ; les Eunuques, qui veilloient fur eux, s'entretenoient enfemble, à quelque diftance. La nourrice de la fille de l'Emir, remarquant que fon éleve étoit penfive & abattue, fe mit à faire des contes plaifans, auxquels Gulchenrouz, qui avoit déjà oublié toutes fes inquiétudes, prenoit grand plaifir ; il rioit, il battoit des mains, & faifoit cent petites niches à toute la compagnie, fans oublier les Eu-

nuques qu'il vouloit abfolument faire courir après lui, en dépit de leur âge & même
de leur décrépitude.

Sur ces entrefaites, la lune fe leva, les
vents s'appaiferent, & on fe trouva fi bien,
qu'on réfolut de fouper au grand air, Sutlemémé qui excelloit à faire des falades,
remplit des grandes jattes de porcelaine,
d'herbes les plus délicates, d'œufs de petits oifeaux, de lait caillé, de jus de ci-
tron & de tranches de concombres; & en
fervit à la ronde, donnant à chaque perfonne fa portion, dans une grande cuillere
de Cocknos. Gulchenrouz, niché, à fon
ordinaire, dans le fein de Noutonihar, fer-
moit fes petites levres vermeilles à ce que
Sutlemémé lui préfentoit, & ne vouloit rien
recevoir que de la main de fa coufine, à la
bouche de qui il pendoit comme une abeille
qui s'ennivre du fuc des fleurs. Un des
Eunuques avoit couru chercher des melons, tandis que les autres faifoient pleuvoir des amandes fraiches, qui ombrageoient
l'aimable bande.

Pendant que tous étoient ainfi dans l'al-

legreffe, une lumiere fe fit remarquèr fur
la cime de la plus haute montagne, & at-
tira tous les yeux de ce côté-là. Cette lumiere répandoit une clarté douce comme
la lune dans fon plein, & on l'auroit prife
pour cet aftre, s'il n'avoit pas été levé fur
l'horifon. Ce fpectacle caufa une émotion
générale ; on s'épuifoit èn conjectures. Ce
ne pouvoit pas être un embrafement ; car
la lumiere étoit claire & bleuâtre, & on
n'avoit jamais vû de météore de cette grandeur, ni d'un pareil coloris. Cette étrange
clarté devenoit pâle pour un moment, & fe
ranimoit enfuite ; elle avoit d'abord paru
fixée fur le pic du rocher ; mais elle le quitta
tout d'un coup, pour étinceler dans un bois
touffu de palmiers ; de-là, fe gliffant le
long des torrens, elle s'arrèta enfin, à l'entrée d'un vallon étroit & ténebreux. Dans
l'inftant qu'elle prit fa route, Gulchenrouz, dont le cœur friffonnoit à tout ce
qui étoit événement imprévu & extraordinaire, tira Nouronihar par fa robe ; & la
fupplia ardemment de retourner au Harem :
les femmes joignirent leurs inftances aux

fiennes avec beaucoup d'importunité ; mais
la curiofité de la fille de l'Emir l'emporta.
Non - feulement elle refufoit de rebrouffer
chemin ; mais elle vouloit à tout hazard
courir après le phénomene. Dans le temps
qu'ils débattoient enfemble fur ce qu'ils
feroient, la lumiere lança un éclat fi éblouif-
fant, que tous s'enfuirent en jetant de grands
cris. Nouronihar les fuivit quelques pas ;
mais au détour d'un petit chemin , elle
s'arrêta ; & revint toute feule fur fes pas.
Comme elle couroit avec une légéreté qui
lui étoit particuliere , elle eût bien vite
atteint l'endroit où l'on avoit foupé. Le
globe enflammé s'étoit fixé dans le vallon,
& brûloit dans un majeftueux filence. Nouronihar croifant les mains fur la poitrine,
héfita quelques momens à s'avancer ; la fo-
litude où elle ne s'étoit jamais trouvée,
le calme impofant de la nuit, tout lui infpiroit des fenfations qu'elle avoit ignorées.
L'épouvante de Gulchenrouz lui revenoit
dans l'efprit, & mille fois elle fût fur le point
de retourner en arriere ; mais le globe lu-
mineux fe retrouvoit toujours devant elle ;

pouffée par une impulfion irréfiftible ; elle
continua à s'en approcher au travers des ronces & des épines , & malgré tous les obfta-
cles qui devoient arrèter fes pas.

Elle atteignit enfin l'embouchure du vallon ; mais au lieu d'y trouver cette vive
lumiere , elle s'y vit entourée de ténebres ,
& n'apperçut que bien loin une foible étincelle. Elle s'arrèta une feconde fois ; le
bruit des chûtes d'eau , mèlant leurs mur-
mures enfemble , le froiffement des bran-
ches de palmier , & les cris funebres & in-
terrompus des oifeaux qui habitoient les
troncs des arbres , tout portoit la terreur
dans fon ame. Elle croyoit , à chaque inftant , fouler aux pieds quelque reptile venimeux. Toutes les hiftoires qu'on lui avoit
contées des Dives malins & des fombres
Coules , lui revinrent dans l'efprit ; mais
fa curiofité l'emporta encore fur fa frayeur.
Elle entra courageufement dans un fentier
tortueux qui conduifoit vers l'étincelle :
jufqu'alors elle avoit fû où elle étoit , mais
ce fentier lui étant tout-à-fait inconnu ,
elle ne s'y fût pas plutôt engagée , qu'elle

se repentit de sa témérité. Hélas! disoit-
elle, que ne suis- je dans ces appartemens
sûrs, & si bien illuminés où mes soirées
s'écouloient avec Gulchenrouz! Cher enfant; comme tu palpiterois, si, comme moi,
tu errois dans ces profondes solitudes! Tout
en parlant ainsi, elle gagnoit du chemin,
& trouvant des degrés pratiqués dans le
roc, elle y monta audacieusement; la lumiere, qui s'augmentoit encore, paroissant
alors sur sa tête au plus haut de la montagne. Enfin, elle la vit sortir d'une espece
d'antre, où elle entendit le son plaintif &
mélodieux de quelques voix, qui formoient
une sorte de chant, semblable aux airs
qu'on chante sur les tombeaux. Un bruit,
comme celui qu'on fait en remplissant des
bains, frappa en même temps ses oreilles.
Elle continua à monter, & découvrit de
grands cierges flamboyants, plantés çà & là,
dans les crevasses du rocher. Cet appareil
la glaça d'épouvante, & l'odeur subtile &
violente que ces cierges exhaloient, la fit
tomber presqu'évanouie à l'entrée de la
grotte.

Dans cette efpece d'extafe, elle jeta les yeux dans l'intérieur de la grotte; & vit une grande cuve d'or, remplie d'une eau dont la fuave vapeur diftilloit fur fon vifage, une pluie d'effence de rofes. Une douce fymphonie réfonnoit dans la caverne; fur les bords de la cuve, elle remarqua des ha- billemens royaux, des diadèmes, & des plu- mes de héron, toutes rayonnantes d'efcar- boucles. Pendant qu'elle admiroit cette ma- gnificence, la mufique ceffa; & une voix fe fit entendre, difant: pour quel Monar- que a-t-on allumé ces cierges, préparé ce bain & ces habillemens qui ne conviennent qu'aux fouverains, non-feulement de la ter- re, mais même des puiffances talifmani- ques? C'eft pour la charmante fille de l'Emir Fakreddin, répondit une feconde voix. Quoi, repartit la premiere, pour cette fo- lâtre, qui confume fon temps avec un en- fant volage, noyé dans la molleffe, & qui ne fera jamais qu'un mari pitoyable? Que me dis-tu là, reprit l'autre voix, pourroit- elle s'amufer à de telles niaiferies, quand le Calife, le fouverain du monde, celui qui

doit jouir des tréfors des Sultans préadamites, un Prince qui a fix pieds de haut, &
dont l'œil pénétre jufqu'à la moëlle des
jeunes filles, brûle d'amour pour elle ?
Non, elle ne fauroit que répondre à une
paffion qui la comble de gloire, fans doute
elle y répondra, & méprifera fon joujou
enfantin : alors toutes les richeffes qui font
en ce lieu, ainfi que l'efcarboucle de Giamchid, lui appartiendront. Je crois que tu as
raifon, dit la premiere voix, & je vais à
Iftakar, préparer le palais du feu fouterrain
pour recevoir les deux époux.

Les voix cefferent, les flambeaux s'étei-
gnirent, l'obfcurité la plus épaiffe fuccéda
à la rayonnante clarté, & Nouronihar revenant à elle en furfaut, fe trouva étendue
tout de fon long fur un fopha, dans le
Harem de fon pere. Elle frappa des mains,
& auffitôt accoururent Gulchenrouz & fes
femmes, qui fe défefpéroient de l'avoir
perdue, & avoient envoyé les Eunuques
pour la chercher par-tout. Shaban parût
auffi, & fe mit à la gronder d'importance.
Petite impertinente, difoit-il, ou vous

avez de fauffes clefs, ou vous êtes aimée
de quelque Ginn, qui vous donne des paf-
fe-partouts. Je vais voir quelle eft votre
puiffance ; entrez vite dans la chambre aux
deux lucarnes, & ne comptez pas que Gulchenrouz vous y accompagne, allons mar-
chez, Madame, je vais vous enfermer, à
double tour. A ces menaces, Nouronihar
leva fa tète altiere, ouvrit fur Shaban fes
yeux noirs, qui étoient beaucoup aggrandis
depuis le beau dialogue de la grotte merveilleufe ; va, lui dit-elle, parle ainfi à des
efclaves ; mais refpecte celle qui eft née pour
donner des loix, & foumettre tout à fon
empire.

Elle alloit continuer fur le même ton,
quand on entendit un grand cri, voici le
Calife, voici le Calife. Auffitôt toutes les
porticres furent tirées, les efclaves fe prof-
ternerent en doubles rangs, tandis que le
pauvre petit Gulchenrouz, fe cacha fous
une eftrade. On vit d'abord paroître une
file d'Eunuques noirs, traînant après eux
de longues robes de mouffeline brochée
d'or, & tenant dans leurs mains des caffo-

letes, qui répandoient un doux parfum de
bois d'aloës. Enfuite marchoit gravement
Bababalouk qui branloit la tête, & n'étoit
pas trop content de cette vifite. Vathek le
fuivoit de près, habillé fuperbement. Sa
démarche étoit noble & aifée ; on auroit
admiré fa bonne mine, quand même il
n'auroit pas été le fouverain du monde. Il
s'approcha en palpitant de Nouronihar, &
parût hors de lui-même, en fixant fes yeux
rayonnants qu'il n'avoit fait qu'appercevoir ; mais elle les baiffa auffitôt, & fa confufion augmenta fa beauté.

Bababalouk, qui s'entendoit parfaitement
en pareilles affaires, & qui voyoit bien qu'à
mauvais jeu, il falloit faire bonne mine, fit
figne à tout le monde de fe retirer, & appercevant les pieds du petit, qui paffoient
l'eftrade, il le tira à lui fans cérémonie, &
en le mettant fur fes épaules, l'emporta en
lui faifant mille odieufes careffes. Gulchenrouz crioit & fe débattoit furieufement, fes
joues étoient devenues rouges comme la
fleur de grenade, & fes yeux humides étin-
celoient de dépit. Il jeta un regard fi fi-

gnificatif à Nóuronihar, que le Calife s'en s'apperçut, & dit, feroit-ce là votre Gulchenróuz? Souverain du monde, répondit-elle, épargnez mon coufin dont l'innocence & la douceur ne méritent pas votre colere. Raffurez-vous, reprit Vathek, en fouriant, il eft en bonnes mains; Bababalouk aime les enfans, & n'eft jamais fans dragées, & fans confitures. La fille de Fakreddin, toute confondue, laiffa emporter Gulchenrouz, fans dire une parole. Le mouvement de fon fein découvroit fon agitation; Vathek de plus en plus enflammé, fe laiffa aller à un délire auquel on n'apportoit qu'une foible réfiftance; quand l'Emir entrant fubitement, fe jeta le front contre terre aux pieds du Calife. Commandeur des Croyans, lui dit-il, ne vous abaiffez pas jufqu'à votre efclave. Non, Emir, repartit Vathek, je l'éleve plutôt jufqu'à moi, je la déclare mon époufe, & la gloire de votre famille s'étendra de générations en générations. Hélas! Seigneur, répondit Fakreddin en s'arrachant quelques poils de la barbe, abregez les jours de votre fidele ferviteur, avant qu'il manque à fa parole. Nouronihar eft folemnellement promife à Gulchenrouz, le fils de mon frere, Ali-Haffan ; leurs cœurs font unis ; la foi eft réciproquement donnée ; on ne fauroit violer des engagemens fi facrés.

Quoi, répliqua brufquement le Calife, vous voulez livrer cette beauté divine, à un mari encore plus femme qu'elle ! & tu crois, que je laifferai flétrir fes charmes fous des mains fi lâches & fi foibles? Non, c'eft dans mes bras qu'elle doit paffer fa vie ; tel eft mon plaifir ; ainfi retire-toi, & ne trouble pas cette nuit, que je confacre au culte de fes attraits.

L'Emir outré tira fon fabre du fourreau, le préfenta à Vathek, & tendant fon col, lui dit, d'un ton ferme ; frappez, Seigneur, votre hôte infortuné, il a affez vécu puifqu'il a eu le malheur de voir le vicaire du Prophéte réfolu de violer les faintes loix de l'hofpitalité. Comme il parloit ainfi, Nouronihar, ne pouvant plus foutenir le combat des diverfes paffions qui bouleverfoient fon ame, tomba en défaillance, &

Vathek, effrayé pour fa vie, & furieux de trouver de la réfiftance à fes volontés, dit à Fakreddin ; fecourez votre fille , & fe retira en lançant fon terrible regard au malheureux Emir, qui de fon côté tomba à la renverfe , baigné dans une fueur mortelle.

Gulchenrouz , qui s'étoit échappé des mains de Bababalouk, revint alors, & cria au fecours tant qu'il pût , n'ayant pas la force d'en donner lui-même. Pále & haletant , le pauvre enfant tâchoit de ranimer Nouronihar par fes careffes ; la douce chaleur de fes levres, la fit revenir à elle. Fakreddin, qui commençoit à fe remettre de l'œillade du Calife, fe mit fur fon féant, & regarda autour de la chambre, pour voir fi ce dangereux Prince étoit forti : il fit appeller Shaban & Sutlemémé & les tirant à part, mes amis, leur dit-il, aux grands maux, il faut des remedes violens. Le Calife porte l'horreur & la défolation dans ma famille ; & comment réfifter à fa puiffance ? Une feconde œillade de fa part me mettroit au tombeau. Qu'on aille donc, qu'on me

cherche cette poudre affoupiffante qu'un
Derviche m'a apporté de l'Aracan. Il faut
en donner à ces deux enfans une dofe dont
l'effet dure trois jours. Le Calife les croira
morts, car ils en auront toute l'apparence.
Nous irons comme pour les enterrer dans
la caverne de la vénérable Meimouné, à
l'entrée du grand défert de fable, & près
de la cabane de mes nains; & quand tout
le monde fera retiré, vous, Shaban avec
quatre Eunuques choifis, les tranfporterez
près du lac où vous aurez fait porter des
provifions pour un mois; un jour pour la
furprife, cinq pour les pleurs, une quin-
zaine pour les réflexions, & le refte pour
fe préparer à fe remettre en marche; voilà,
felon mon calcul, tout le temps que Vathek
prendra; & j'en ferai quitte.

L'idée eft bonne, dit Sutlemémé; mais
il en faut tirer tout le parti poffible. J'ai remarqué que Nouronihar, foutenoit très-
bien les œillades du Calife, qui ne les lui
a pas épargnées; foyez fûr que, malgré fon
attachement pour Gulchenrouz, elle ne de-
meurera pas tranquille fur ces montagnes,

tant

tant qu'elle le faura ici, à moins que nous ne lui perfuadions qu'elle eft réellement morte, ainfi que Gulchenrouz, & qu'ils fout tous deux tranfportés dans ces rochers, pour y expier, pendant un certain temps, les petites fautes, que l'amour leur a fait commettre. Nous leur dirons, que nous nous fommes tués nous-mêmes de défefpoir, & vos petits nains, qu'ils n'ont jamais vûs, leur paroîtront des perfonnages extraordi-naires, leur feront de beaux fermons, & je gage que tout fe paffera le mieux du mon-de. Soit, dit Fakreddin, j'approuve la pro-pofition. Mettons vite la main à l'œuvre.

On alla auffitôt chercher la poudre ; on la mêla dans du forbet que Nouronihar & Gulchenrouz avalerent avec avidité. Une heure après, ils fe fentirent des palpitations de cœur, & un engourdiffement qui les ga-gnoit peu à peu. Ils fe leverent de terre, où ils étoient reftés éperdus depuis la fcène du Calife, & montant l'eftrade, s'étendirent de leur long fur le fopha, en fe tenant étroitement embraffés. Rechauffe-moi, ma chere Nouronihar, difoit Gulchenrouz,

I

mets ta main fur mon cœur, il eft de glace: Ah! tu es auffi froide que moi! le Calife nous auroit-il tués tous les deux de fon terrible regard ? Je me meurs, répartit-elle, avec une voix éteinte. Serre-moi bien fort, car je vais expirer. Mourons donc enfemble, reprit le tendre Gulchenrouz, en pouffant un profond foupir que du moins j'exhale mon ame fur tes levres! Ils n'en dirent pas davantage, & refterent comme morts.

A l'inftant de grands cris firent retentir le Harem; Shaban & Sutlememé jouerent les défefpérés avec beaucoup d'adreffe: l'Emir, qui étoit bien fâché d'en venir à ces extrèmités, & qui faifoit pour la premiere fois l'épreuve de la poudre, n'avoit pas befoin de contrefaire l'affligé. Les efclaves, qui s'étoient raffemblés de toutes parts, refterent immobiles au fpectacle qui s'offroit à leur vue. On avoit éteint les lumieres à l'exception de deux lampes, qui jetoient une trifte lueur fur le vifage de ces belles fleurs, qu'on croyoit fanées dans le printemps de leur vie. On apporta les vête-

mens funebres; on lava leurs corps avec
de l'eau de rofe, on encenfa leurs belles
treffes qu'on noua enfemble, & on les re-
vêtit de fimarres plus blanches que l'albâ-
tre. Dans le moment qu'on pofoit fur leurs
têtes deux couronnes de jafmin, leur fleur
favorite, le Calife, qui venoit d'apprendre
cet événement tragique, arriva. Il étoit
auffi pâle & auffi hagard, que les Goules
qui errent la nuit dans les fépulcres. S'oubliant foi-mème & le monde entier, il fe
précipita au milieu des efclaves, il fe prof-
terne au pied de l'eftrade; là, il frappoit fa
poitrine, s'appellant, atroce meurtrier, &
faifant mille imprécations contre lui-mème.
D'une main tremblante, il leva le voile qui
couvroit le vifage blème de Nouronihar,
& pouffant un grand cri, il tomba évanoui.
Le chef des Eunuques l'emporta en faifant
d'horribles grimaces, & en répétant je l'a-
vois bien prévû que Nouronihar lui joueroit
quelque mauvais tour.

Dès que le Calife fut parti, l'Emir ordonna les cercueils & fit défendre l'entrée
du Harem. On ferma toutes les fenêtres;

on brifa tous les inftrumens de mufique
& les Imans commencerent à réciter des
prieres. Dans la foirée qui fuccéda à ce
jour lugubre, les pleurs & les lamenta-
tions redoublerent. Vathek gémiffoit en filence, car on avoit été obligé de calmer,
par des opiates, fes mouvemens convulfifs
de rage & de douleur.

A la pointe du jour fuivant, on ouvrit
les grands battans des portes du palais, &
le convoi fe mit en marche pour la montagne. Les triftes cris de Leillah illeilah
parvinrent au Calife, qui vouloit abfolument fe cicatrifer & fuivre la pompe funebre; on n'auroit jamais pû l'en diffua-
der, fi fa grande foibleffe lui avoit per-
mis de marcher; mais aux premiers pas
qu'il fit, il tomba, & l'on fut obligé de le
mettre au lit, où il refta plufieurs jours
dans un état d'infenfibilité qui faifoit pitié,
même à l'Emir.

Quand la proceffion fut arrivée à la grotte
de Meimouné, Shaban & Sutlemémé con-
gédierent tout le monde, à l'exception des
quatre Eunuques affidés qui devoient refter

avec eux; & après s'être repofés quelques momens auprès des cercueils, auxquels on avoit laiffé de l'air, ils les firent porter fur les bords d'un petit lac bordé d'une mouffe grifâtre. C'étoit le rendez-vous des hérons & des cigognes qui y pèchoient continuellement des petits poiffons bleus; les nains inftruits par l'Emir, s'y rendirent bientôt après, & avec l'aide des Eunuques, conftruifirent des cabanes de cannes & de joncs; ouvrage dans lequel ils réuffiffoient à merveille. Ils éleverent auffi un magazin pour les provifions, un petit oratoire pour eux-mêmes, & une pyramide de buches de bois proprement arrangées pour fervir à l'entretien du feu; car il faifoit froid dans les creux de ces montagnes.

Vers le foir, on alluma deux feux fur le bord du lac; on tira les deux jolis corps de leurs cercueils, & ils furent pofés doucement fur un lit de feuilles féches dans la même cabane. Les deux nains fe mirent à réciter l'Alcoran avec leurs voix claires & argentines. Shaban & Sutlemémé fe tenoient debout à quelque diftance, attendant

I 3

avec beaucoup d'inquiétude que la poudre
eut fait son effet. Enfin, Nouronihar &
Gulchenrouz étendirent foiblement les bras
dans le même inftant, & ouvrant les yeux ils
parcoururent tout ce qui les entouroit dans
le plus grand étonnement. Ils effayerent
même de fe lever; mais les forces leur
manquant, ils retomberent. Auffitôt Sutlemémé leur fit avaler d'un cordial dont l'E-
mir l'avoit munie.

Gulchenrouz fe réveilla tout à fait, éter-
nua bien fort, & fe levant avec un élan,
qui marquoit toute fa furprife, fortit de
la cabane, & fe mit à humer l'air avec
une extrême avidité. Oui, dit-il, je refpi-
re, j'exifte encore, j'entens des fons, je
vois un firmament femé d'étoiles! Nouronihar, à ces accens fi chéris, fe débaraf-
fant des feuilles, courut ferrer Gulchenrouz dans fes bras. La premiere chofe qui
frappa fes regards, fut leurs longues fimarres, leurs couronnes de fleurs & leurs pieds
nuds; elle cacha fon vifage dans fes mains
pour réfléchir. La vifion du bain enchanté,
le défefpoir de fon pere, & fur-tout la figure

majestueuse de Vathek lui rouloient dans l'esprit. Elle se ressouvenoit d'avoir été malade & mourante, aussi bien que Gulchenrouz ; mais toutes ces images étoient confuses dans sa tête. Ne sachant où elle est, elle porte ses regards sur tout ce qui l'environne. Ce lac singulier, ces flammes réfléchies dans les eaux paisibles, les pâles couleurs de la terre, ces cabanes bizarres, ces joncs qui se balançoient tristement d'eux-mêmes, ces cigognes, dont le cri lugubre se mêloit aux voix glapissantes des nains ; tout la convainquit que l'ange de la mort lui avoit ouvert le portail de quelque nouvelle existence.

Gulchenrouz de son côté, dans des transes mortelles, s'étoit collé contre sa cousine ; il se croyoit aussi dans le pays des fantômes, & s'effrayoit du silence qu'elle gardoit. Parle, lui dit-il enfin, où sommes nous ? mais ne vois tu pas ces spectres qui remuent cette braise ardente ! seroit-ce Monkir & Nekir, qui vont nous y jeter ! Le fatal pont traverseroit-il ce lac, dont la funeste tranquillité nous cache peut-

être un abîme d'eau, où nous ne cefferons
de tomber pendant des fiecles.

Non, mes enfants, leur dit Sutlemémé
en s'approchant d'eux, raffurez-vous ; l'ange exterminateur qui a conduit nos ames
après les vôtres, nous a affuré que le châtiment de votre vie molle & voluptueufe,
fera borné à paffer une longue fuite d'an-
nées dans ce trifte lieu, où le foleil fe
montre à peine, où la terre ne produit ni
fruits, ni fleurs. Voilà nos gardiens, con-
tinua-t-elle, en montrant les nains ; ils
pourvoiront à nos befoins ; car des ames
auffi profanes que les nôtres , tiennent
encore un peu à leur groffiere exiftence.
Vous ne mangerez pour tous mets que du
ris ; &-votre pain fera trempé dans les
brouillards qui couvrent fans ceffe ce lac
de leurs ombres.

A cette trifte perfpective, les pauvres
enfans fondirent en pleurs ; ils fe profter-
nerent devant les nains qui foutenant parfaitement bien leur perfonnage, leur firent,
felon leur coutume, un beau difcours, bien
long, fur le chameau facré qui devoit,

dans quelque mille ans, les porter au paradis des fideles.

Le fermon fini, on fit des ablutions; on loua Allah & le Prophete; on foupa bien maigrement, & on s'en retourna aux feuilles feches. Nouronihar & fon petit coufin furent bien aifes de trouver que les morts couchoient dans la même cabane. Comme ils avoient bien dormi auparavant, ils s'entretinrent le refte de la nuit de ce qui s'étoit paffé, & cela toujours en s'embraffant de peur des efprits.

Au matin, qui fut bien fombre & pluvieux, les nains monterent fur de longues perches en guife de Minarets, & appellerent à la priere. Toute la congrégation s'affembla, Sutlemémé, Shaban, les quatre Eunuques, & quelques cigognes qui s'ennuyoient de la peche. Les deux enfans fe trainerent languiffamment hors de leur cabane; comme leurs efprits étoient fur un ton mélancolique & tendre, ils firent leurs dévotions avec ferveur; après quoi Gulchenrouz demandá à Sutlemémé & aux autres, comment ils avoient fait de mourir fi à propos pour

eux. Nous nous fommes tués nous-mêmes
de défefpoir de votre mort, répondit Sutlemémé. Sur cela, Nouronihar, qui malgré tout ce qui s'étoit paffé, n'avoit pas oublié fa vifion, s'écria, & le Calife! feroit-
il mort de douleur! viendra-t-il ici? Les
nains qui avoient le mot, répondirent gravement; Vathek eft damné tout de bon.
Je le crois, fans peine, s'écria Gulchenrouz, & j'en fuis bien aife; car je penfe que
c'eft fon horrible œillade qui nous a envoyés ici manger du ris, & entendre des
fermons. Une femaine s'écoula à-peu-près
de la même maniere fur les bords du lac;
Nouronihar, penfant aux grandeurs que fon
ennuyeufe mort lui avoit fait perdre; &
Gulchenrouz, faifant des prieres & des paniers de jonc avec les nains, qui lui plai-
foient infiniment.

Pendant que cette fcene d'innocence fe
paffoit dans les montagnes, le Calife en
donnoit une nouvelle chez l'Emir. Il n'a-
voit pas plutôt repris l'ufage de fes fens,
qu'avec une voix qui fit trefaillir Bababalouk, il s'écria; je renonce à toi, perfide

Giaour ! c'eſt toi qui a tué ma chere Nouronihar, & je demande pardon à Mahomet,
qui me l'auroit conſervée ſi j'avois été plus
ſage. Allons, qu'on me donne de l'eau pour
faire mes ablutions, & qu'on me faſſe venir
le bon Fakreddin pour faire la priere avec
moi, & me reconcilier à lui; après quoi
nous irons enſemble viſiter le ſépulcre de
l'infortunée Nouronihar. Je veux me faire
hermite & paſſer mes jours ſur cette montagne pour expier mes crimes.

Et que mangerez-vous là, répondit Bababalouk ? Je n'en fais rien, répartit Vathek ; je te le dirai quand j'aurai appetit, ce
qui ne m'arrivera, je crois, de longtemps.

L'arrivée de Fakreddin interrompit cette
converſation : Vathek lui ſauta d'abord au
col qu'il baigna de ſes pleurs, en lui diſant
des choſes ſi pieuſes que l'Emir de ſon
côté pleuroit à chaudes larmes de joie, &
ſe félicitoit tout bas de l'admirable conver-
ſion qu'il avoit faite. N'oſant s'oppoſer au
pélerinage de la montagne, ils ſe mirent
chacun dans leur litiere & partirent.

Malgré l'attention avec laquelle on veil-

loit fur le Calife, on ne pût empêcher qu'il
ne fe fit quelques égratignures fur le lieu
où l'on difoit que Nouronihar étoit enter-
rée, & l'on eût grand peine à l'en arracher. Mais il jura folemnellement qu'il y
reviendroit tous les jours. Ce ferment ne
plaifoit pas trop à Fakreddin ; il fe flattoit
pourtant que le Calife fe contenteroit de
faire fes prieres dans la caverne de Meimouné, & n'oferoit fe hazarder plus avant:
d'ailleurs, le lac étoit fi enterré dans les
rochers qu'il ne croyoit pas poffible qu'il
le trouvât. La conduite de Vathek augmentoit cette confiance ; il tenoit régulierement
fa réfolution ; mais il revenoit de la montagne fi dévot, fi contrit, que tous les Barbons en étoient en extafe.

Nouronihar n'étoit pas tout-à-fait fi contente. Quoiqu'elle aimât Gulchenrouz, &
que pour augmenter fa tendreffe on la laif-
fât entiérement libre avec lui, elle le regardoit comme un joujou qui n'empêchoit
pas que l'efcarboucle de Giamchid ne fut
fort défirable. Elle avoit même quelquefois des doutes fur fon état, & croyoit à

peine que les morts euffent tous les befoins
& les fantaifies des vivans. Pour s'en
éclaircir, un matin que tout dormoit, elle
fe leva doucement d'auprès de Gulchenrouz,
après lui avoir donné un doux baifer, &
fe mit à fuivre le bord du lac, & vit
qu'il fe dégorgeoit fous un rocher dont la
cime ne lui parut pas inacceffible. Elle y
grimpa du mieux qu'elle pût, & voyant le
ciel à découvert, elle fe mit à courir comme
une biche qui fuit le chaffeur. Quoiqu'elle
fautât avec la légéreté de l'Antelope, elle
fut obligée de s'affeoir fur quelques tama-
ris, pour reprendre haleine ; elle y faifoit fes petites réflexions, en croyant reconnoître les lieux ; quand tout d'un coup,
Vathek qui ce jour là, inquiet & agité,
avoit devancé l'aurore, fe préfenta à fa vue.
Immobile d'étonnement, il n'ofoit approcher de cette figure enveloppée dans fa
fimarre, étendue fur la terre, tremblante
& pâle ; mais pourtant encore charmante à
voir. Enfin Nouronihar, d'un air moitié
content & moitié affligé, leva fes beaux
yeux fur lui ; Seigneur, dit-elle, vous ve-

nez donc manger du riz avec moi, & entendre des fermons? Ombre chérie, s'écria Vathek, vous parlez! vous avez la mème forme élégante, le même regard rayonnant. Seriez-vous palpable auffi! En difant ces mots, il fe mit à l'embraffer de toute fa force, en répétant toujours: mais voici de la chair & des os animés d'une douce chaleur, que veut dire un tel prodige?

Nouronihar répondit modeftement, vous favez Seigneur, que je mourus la nuit même où vous m'honorâtes de votre vifite; mon coufin dit que ce fut d'une de vos œillades, mais je n'en crois rien; car elles ne me parurent pas fi terribles. Gulchenrouz mourut avec moi, & nous fûmes tous les deux tranfportés dans un pays bien trifte, & où l'on fait très maigre chere: fi vous êtes mort auffi, & que vous veniez nous joindre, je vous plains: car vous ferez étourdi par les nains & les cigognes. D'ailleurs, il eft fâcheux pour vous & pour moi, d'avoir perdu les tréfors du palais fouterrain qui nous étoient promis.

A ce nom de palais fouterrain, le Ca-

life fufpendit fes careffes, qui avoient déjà
été affez loin, pour fe faire expliquer ce
que Nouronihar vouloit dire. Alors elle lui
raconta fa vifion, ce qui l'avoit fuivie, &
l'hiftoire de fa prétendue mort; elle lui dé-
peignit le lieu d'expiation, d'où elle s'étoit
échappée d'une maniere qui l'auroit bien
fait rire, s'il n'avoit pas été très-férieufe-
ment occupé. Elle n'eût pas plutôt ceffé de
parler, que Vathek la reprenant dans fes
bras; allons, lumiere de mes yeux, lui
dit-il, tout eft dévoilé. Nous fommes tous
deux pleins de vie; votre pere eft un fri-
pon qui nous a trompés pour nous féparer;
& le Giaour, qui, à ce que je comprens,
veut nous faire voyager, ne vaut gueres
mieux. Ce ne fera pas du moins de long-
temps, qu'il nous tiendra dans fon palais
de feu ; j'attache plus de valeur à votre
gentille perfonne qu'à tous les tréfors des
fultans préadamites, & je veux la pof-
feder à mon aife, & en plein air pendant
bien des lunes, avant que d'aller m'enfouir
fous terre comme une taupe. Oubliez ce
petit fot de Gulchenrouz &.... Ah, Sei-

gneur, ne lui faites point de mal, interrompit Nouronihar. Non, non, reprit Vathek, je vous ai déjà dit de ne rien crain-
dre pour lui; il eſt trop paitri de lait & de
ſucre pour que j'en ſois jaloux. Nous le
laiſſerons avec les nains, (qui par paren-
thèſe ſont mes vieilles connoiſſances) c'eſt
une compagnie qui lui convient mieux que
la vôtre. Au reſte, je ne retournerai plus
chez votre pere, je ne veux pas l'entendre,
lui & ſes barbons, me criailler aux oreilles
que je viole les droits de l'hoſpitalité; comme
ſi ce n'étoit pas un plus grand honneur pour
vous d'épouſer le ſouverain du monde,
qu'une petite fille habillée en garçon.

Nouronihar n'eût garde de rien trouver
à redire à un diſcours ſi éloquent; elle auroit ſeulement deſiré que l'amoureux monarque, eût marqué un peu plus d'ardeur
pour l'eſcarboucle de Giamchid; mais elle
penſa que cela viendroit en ſon temps, &
demeura d'accord de tout, avec la ſoumiſ-
ſion la plus engageante.

Quand le Caiife le jugea à propos, il
appella Bababalouk qui dormoit dans la caverne

vétne de Meimouné, & rèvoit que le fantôme de Nouronihar l'avoit remis fur l'efcarpolette & lui donnoit un tel branle, que
tantôt il planoit au deffus des montagnes
& tantôt touchoit aux abymes. Il s'éveilla
en furfaut à la voix de fon maître, accourut tout effoufflé, & penfa tomber à
la renverfe en croyant voir le fpectre auquel il venoit de rèver. Ah! Seigneur, s'é-
crioit-il en reculant dix pas, & mettant fa
main devant fes yeux : Ah! Seigneur, vous
faites donc le métier de Goule! vous dé-
terrez les morts; mais n'efpérez pas de la
manger, après ce qu'elle m'a fait fouffrir,
elle eft affez méchante pour vous manger
vous-même.

Ceffe de faire le nigaud, dit Vathek,
tu feras bientôt convaincu que c'eft Nouronihar, bien fraîche & bien vivante, que
j'embraffe. Vas feulement faire dreffer mes
tentes dans une vallée que j'ai remarquée ici
près : c'eft-là que je fixe mon habitation
avec cette belle tulipe dont je ranimerai
les couleurs; c'eft-là où tu dois faire en-
forte de nous pourvoir de tout ce qui peut

K

nous faire mener une vie voluptueuse ;
jusqu'à nouvel ordre.

Les nouvelles d'une si fâcheuse avanture
parvinrent bientôt aux oreilles de l'Emir,
qui désespéré, s'abandonna à la douleur, &
se mit à se barbouiller le visage avec de la
cendre : autant en firent ses barbons. Son
palais étoit dans un affreux désordre. On
négligeoit tout ; on ne recevoit plus les
voyageurs ; on ne faisoit plus d'emplâtres ;
& au lieu de l'activité charitable qui regnoit dans cet asyle, tous ceux qui l'habitoient n'y montroient que des visages d'une
coudée de long, n'y faisoient entendre que
des gémissemens & du tintamare.

Quoique Fakreddin pleurât sa fille, comme perdue à jamais pour lui, il n'oublia
pas Gulchenrouz ; il envoya vite ses ordres à Surlememé, à Shaban & aux nains,
leur enjoignant de ne pas désabuser ce pauvre enfant sur sa situation ; mais de le porter sous quelque prétexte bien au-delà du
haut rocher où se termine le lac, dans un
endroit qu'il leur désigna comme étant beaucoup plus inaccessible ; car il soupçonnoit

Vathek, de vouloir lui faire du mal.

Cependant Gulchenrouz avoit été pétri-
fié, en ne trouvant plus sa cousine ; les nains
n'étoient pas moins étonnés ; mais Sutlemémé plus fine qu'eux, soupçonna d'abord
de quoi il étoit question. On amusa Gulchenrouz avec de belles espérances de re-
trouver Nouronihar dans quelque endroit
des montagnes, où la terre jonchée de
fleurs d'orange & de jasmin, offroit des lits
plus agréables que ceux des cabanes ; où
l'on chanteroit au son des luths, & où l'on
iroit à la chasse des papillons. Sutlemémé
étoit dans le fort de ses descriptions, quand
un des quatre Eunuques la tira à part, pour
lui apprendre l'arrivée d'un de ses confreres, qui lui éclaircit toute l'histoire de la
fuite de Nouronihar, & lui rémit les ordres
de l'Emir. Aussitôt elle tint conseil avec Shaban & les nains ; on plia bagage, on se
mit dans une chaloupe, & on vogua tran-
quilement avec le Petit, qui s'accommodoit
de tout. Leur voyage continua de la sorte
jusqu'à l'endroit où le lac se perdoit sous
la voûte du rocher ; mais aussitôt que la

barque y fut entrée, & que Gulchenrouz
fe vit dans une parfaite obfcurité, il fut
faifi d'une peur horrible & fe mit à faire
des cris perçants ; car il croyoit qu'on alloit
le damner tout-à-fait, pour avoir trop fait
le vivant avec fa coufine.

Mais, Sire, Votre Majefté fera fans doute bien aife de favoir ce que faifoit le Calife, & celle qui regnoit fur fon cœur. Bababalouk avoit fait dreffer les tentes, & fermer les deux entrées de la vallée avec des
parevents magnifiques, doublés de toiles
des Indes, & gardés par des efclaves éthio-
piens, le fabre à la main. Pour maintenir
le gazon de cette belle enceinte dans une
fraicheur perpétuelle, des Eunuques blancs
en faifoient fans ceffe le tour avec des arro-
foirs de vermeil. Le murmure des éventails fe faifoit entendre auprès du Pavillon
Impérial, où au moyen du jour voluptueux
qui paffoit au travers des mouffelines, le
Calife jouiffoit de la pleine vue des attraits
de Nouronihar. Enivré de délices, il écoutoit avidément fa belle voix, & les accords
de fon luth. De fon côté, elle étoit char-

mée d'entendre les descriptions qu'il lui faisoit de Samarah & de sa tour remplie de merveilles ; mais sur-tout, elle se plaisoit à lui faire repéter l'avanture de la boule, & celle de la crevasse où le Giaour se tenoit auprès du portail d'Ebene.

Ils s'entretenoient ainsi pendant le jour, & la nuit ils se baignoient ensemble dans un grand bassin de marbre noir, qui relevoit admirablement la blancheur de Nouronihar. Bababalouk avec qui cette belle étoit rentrée en grace, prenoit soin que leurs repas fussent servis avec la plus grande délicatesse ; toujours quelque nouveauté exquise étoit présentée à ses maîtres, & il envoya même jusqu'à Schiraz pour avoir d'un vin pétillant & délicieux , qu'on y avoit encavé avant la naissance de Mahomet. Il avoit pratiqué de petits fours dans le roc, pour y cuire des pains au lait, que Nouronihar paîtrissoit de ses mains délicates, ce qui leur donnoit une saveur si fort au gré de Vathek, qu'il en oublioit tous les ragouts que lui avoient fait ses autres femmes ; aussi ces pauvres délaissées se mouroient de chagrin chez l'Emir, qui malgré tout son ressentiment, ne pouvoit s'empêcher de les plaindre.

La Sultane Dilara, qui jusqu'alors avoit été la favorite, prenoit cette négligence à cœur avec une énergie qui étoit dans son caractere ; comme dans le cours de sa faveur, elle avoit été imbue de bien des idées extravagantes de Vathek, elle brûloit de voir les tombeaux augustes d'Istakar, & le palais des quarante colomnes ; élevée d'ailleurs parmi les Mages, elle se faisoit une joie de voir le Calife, prêt à s'adonner au culte du feu ; ainsi la vie voluptueuse & fainéante qu'il menoit avec sa rivale, l'affligeoit doublement. La piété passagere de Vathek, lui avoit donné de vives alarmes ; mais ceci étoit pire encore : elle prit donc sans hésiter le parti d'écrire à la Princesse Carathis, pour lui apprendre que tout alloit mal ; qu'on avoit manqué net aux conditions du parchemin ; qu'on avoit mangé, couché & fait vacarme chez un vieux Emir, dont la sainteté étoit fort redoutable ; & qu'enfin il n'y avoit plus d'appa-

rence qu'on eût jamais les tréfors des Sultans préadamites.

Cette lettre fut confiée à deux coupeurs
de bois , qui travailloient dans une des
grandes forèts fur les montagnes , & qui con-
noiffant les routes les plus courtes , arriverent dans dix jours à Samarah.

La princeffe Carathis jouoit aux échecs
avec Morakanabad , quand les bucherons
arriverent. Elle avoit depuis quelques fe-
maines, abandonné les hautes régions de
fa tour , parce que tout lui fembloit en
confufion parmi les aftres qu'elle conful-
toit au fujet de fon fils. C'étoit en vain
qu'elle répétoit fes fumigations , & s'éten-
doit fur les toits pour avoir des vifions
myftiques ; elle ne rèvoit que pieces de
brocards , que bouquets & autres pareilles
niaiferies. Tout ceci l'avoit jetée dans un
abbatement dont toutes les drogues qu'elle
favoit compofer ne pouvoient la retirer , fa
derniere reffource avoit été Morakanabad ,
bon homme & plein d'une honnête confiance ; mais qui dans fa compagnie , ne fe
trouvoit pas fur des rofes.

Perſonne ne ſavoit des nouvelles de Vathek, & l'on publioit mille hiſtoires ridicules ſur ſon compte. Vous pouvez bien penſer, Sire, avec quelle vivacité Carathis décacheta la lettre qui lui fut apportée, & quelle fut ſa rage en apprenant la lâche conduite de ſon fils. Ah, ah! dit-elle, je crèverai, ou Vathek pénétrera dans le palais du feu; que je meure dans les flammes, & qu'il regne ſur le trône de Suleïman! En parlant ainſi, & en faiſant la pirouette d'une maniere toute magique & effroyable, qui fit reculer Morakanabad de peur, elle commanda qu'on préparât ſon grand chameau Alboufaki, & qu'on fit venir la hideuſe Nerkés & l'impitoyable Cafour. Je ne veux pas d'autre train, dit-elle à Morakanabad. Je vais pour des affaires preſſantes; ainſi trêve de parade. Vous aurez ſoin du peuple; tondez-le bien dans mon abſence. Car nous dépenſons beaucoup d'argent, & on ne ſait pas ce qui en arrivera.

La nuit étoit très-noire, & il ſouffloit un vent mal ſain de la plaine de Catoul, qui auroit rebuté tout voyageur, quelque preſſé qu'il eut pû être ; mais Carathis ſe plaiſoit beaucoup à tout ce qui étoit funeſte : Narkés en penſoit autant, & Cafour avoit un goût particulier pour les peſtilences. Au matin, cette gentille caravane, avec les deux bucherons qui la guidoient, s'arrêta ſur les bords d'un grand marécage, d'où s'exhaloit une vapeur putride, qui auroit tué tout autre animal qu'Alboufaki, qui naturellement pompoit avec plaiſir ces malignes odeurs. Les payſans ſupplierent les Dames de ne pas dormir dans ce lieu. Dormir, s'écria Carathis ; la belle idée ! Je ne dors jamais que pour avoir des viſions ; & quant à mes ſuivantes, elles ont trop d'occupations pour fermer le ſeul œil qu'elles ont. Les pauvres gens qui commençoient à ne pas trop ſe plaire dans la compagnie avec laquelle ils étoient, reſterent la gueule béante.

Carathis mit pied à terre, auſſi-bien que les négreſſes qu'elle avoit en croupe, & en ſe déshabillant en chemiſe & en caleçon, elles coururent à l'ardeur du ſoleil pour cueillir des herbes vénimeuſes, dont il y avoit à

foifon le long du marécage. Elles defti-
noient cette provifion pour la famille de
l'Emir, & pour tous ceux qui pouvoient
apporter le moindre empêchement au voyage d'Iftakhar. Les bucherons qui mouroient
de peur, en voyant courir ces trois horribles fantômes, & qui ne goûtoient pas
trop la fociété d'Alboufaki, refterent bien
confondus, quand Carathis leur ordonna
de fe remettre en route, quoiqu'il fut midi,
& qu'il fit une chaleur à calciner les pierres ; malgré tout ce qu'ils purent dire, il
fallut obéir.

Alboufaki qui aimoit beaucoup la foli-
tude, renifloit quand il appercevoit la moindre habitation ; & Carathis, qui le gâtoit à
fa maniere, fe détournoit tout de fuite ; en-
forte que les payfans ne pouvoient trouver
la moindre nourriture, car les chevres &
les brebis, que la Providence envoyoit fur
la route, pour rafraîchir par leur lait les
voyageurs, s'enfuyoient à la vue de l'hi-
deux animal & de fon étrange charge.
Pour Carathis, elle n'avoit nul befoin de
ces alimens communs, ayant inventé de

puis-long-temps une opiate qui lui suffisoit, & dont elle faisoit part à ses cheres muettes.

A la nuit tombante, Alboufaki s'arrêta tout court, & frappa du pied. Carathis qui connoissoit ses allures, vit bien qu'elle devoit être dans le voisinage d'un cimetiere : la lune jetoit une pâle lueur qui lui fit entrevoir une longue muraille, & une grande porte à demi-ouverte, & si élevée qu'elle pût y faire passer Alboufaki. Les misérables guides, qui touchoient à l'extrémité de leurs jours, prierent humblement Carathis de les enterrer, puisqu'elle en avoit là la commodité, & rendirent l'ame. Nerkés & Cafour plaisanterent à leur maniere sur la sottise de ces pauvres gens, trouverent l'aspect du cimetiere fort à leur gré, & les sépulcres bien réjouissants. Il y en avoit au moins deux mille sur la pente d'une colline, les uns en forme de pyramides, les autres de colomnes ; en un mot ils étoient d'une variété infinie qui leur étoit tout-à-fait agréable. Carathis, trop occupée de ses grandes vues pour s'arrêter à ce spectacle, quelque char-

-mant qu'il fût à fes yeux, penfa à tirer profit de fa fituation. Affurément, fe difoit-elle
à elle-mème, un fi beau cimetiere eft hanté
par les Goules, & cette efpece ne manque
pas d'intelligence : comme j'ai, faute d'attention, laiffé mourir mes bètes de guides, je
demanderai mon chemin aux Goules, &
pour les amorcer, je les inviterai à fe re-
galer de ces corps frais. Après ce fage mo-
nologue, elle parla des doigts à Nerkés &
à Cafour, & leur dit ; allez frapper aux
tombeaux, & faites entendre votre joli ra-
mage, qui approche fort de celui des convives que je veux avoir.

Les négreffes joyeufes de cet ordre de
leur maîtreffe, & qui fe promettoient beaucoup de plaifir dans la compagnie des Goules, partirent avec un air de conquète, &
fe mirent à faire toc, toc, contre les fépulcres. A mefure qu'elles frappoient, on entendoit un bruit fourd dans la terre, les
fables fe remuoient, & les Goules fe mirent
à fortir de toutes parts avec le nez en l'air,
& attirés par la fraîcheur des nouveaux
cadavres. Ils fe rendirent devant un cer-

cueil de marbre blanc, où Carathis étoit
affife entre les deux corps de fes miférables conducteurs. Cette princeffe reçut fon
monde avec une politeffe diftinguée, & après
avoir foupé, on parla d'affaires. Elle apprit
bientôt tout ce qu'elle defiroit de favoir,
& fans perdre du temps, voulut fe remettre
en marche : les négreffes qui avoient commencé des liaifons de cœur avec les Goules, la fupplierent, avec tous leurs doigts,
d'attendre au moins jufqu'à l'aurore ; mais
elle qui étoit la vertu même, & ennemie
jurée des amours & de la molleffe, rejeta
leur priere, & montant fur Alboufaki, leur
ordonna de s'y placer au plus vite. Elle
continua fon voyage pendant quatre jours
& quatre nuits, fans s'arrêter, ni à droite,
ni à gauche. Le cinquieme, elle traverfa
des montagnes & des forêts à demi-brû-
lées, & arriva le fixieme devant les beaux
parevents, qui déroboient à tous les
yeux, les voluptueux égarements de fon
fils.

C'étoit la pointe du jour : les gardes ron-
floient dans leurs poftes en pleine fécurité :

le grand trot d'Alboufaki les réveilla en
sursaut; ils crurent voir des spectres sortis
du noir abîme, & s'enfuirent sans cérémonie. Vathek étoit au bain avec Nouronihar;
il écoutoit des contes, & se moquoit de
Bababalouk qui les faisoit. Alarmé par les
cris de ses gardes, il sauta hors de l'eau
comme une carpe; mais s'y rejeta bien vite,
en voyant paroître Carathis, qui, en avan-
çant avec ses négresses, toujours montée
sur Alboufaki, mettoit en pieces les mous-
felines & les fines portieres du pavillon.
A cette apparition subite, Nouronihar, qui
n'étoit pas quelquefois sans remords, crut
que le moment de la vengeance céleste étoit
arrivé, & se colla amoureusement contre
le Calife. Carathis, sans descendre de son
chameau & écumante de rage, au spectacle
qui s'offroit à sa chaste vue, éclata sans
ménagement. Monstre à deux têtes & à
quatre jambes, s'écria-t-elle, que signifie
tout ce bel entortillage là! N'as-tu pas
honte d'empoigner ce tendron au lieu des
sceptres des Sultans préadamites? C'est donc
pour cette gueuse que tu as follement man-

qué aux conditions du parchemin de notre Giaour? C'eſt avec elle que tu conſumes des momens précieux? Eſt-ce là le fruit que tu retires des belles connoiſſances que je t'ai données? Eſt-ce ici le but de ton voyage? Arrache-toi des bras de cette petite niaiſe; noye-là dans cette eau, & ſuis-moi.

Dans ſon premier mouvement de fureur, Vathek avoit eû envie d'éventrer Albou-faki, & de le farcir de Carathis & des né-greſſes; mais les idées du Giaour, du pa-lais d'Iſtakhar, des ſabres & des taliſmans, frapperent ſon eſprit avec la rapidité d'un éclair. Il dit donc d'un ton civil, quoique réſolu, à ſa mere: redoutable Dame, vous ſerez obéïe; mais je ne noyerai pas Nou-ronihar: elle eſt plus douce que le Mira-bolan confit; elle aime beaucoup les eſcar-boucles, & ſur-tout celle de Giamchid qu'on lui a promiſe, ainſi elle viendra avec nous; car je prétends qu'elle couche avec moi ſur les canapés de Suleïman; je ne puis plus dormir ſans elle. Soit, répondit Carathis, en deſcendant d'Alboufaki, qu'elle remit entre les mains des négreſſes.

Nouronihar, qui n'avoit pas lâché prife, commença à fe raffurer, & dit tendrement au Calife: cher Souverain de mon cœur, je vous fuivrai, s'il le faut, jufqu'au delà de Caf, dans le pays des Afrites; je ne craindrai pas de grimper pour vous au nid du Simorgue, qui, après Madame, eft l'être le plus refpectable qui ait été créé. Voilà, dit Carathis, une jeune fille qui a du courage & des connoiffances, Nourouihar en avoit affurément; mais malgré toute fa fermeté, elle ne pouvoit s'empêcher quelquefois de fe reffouvenir dès graces de fon petit Gulchenrouz, & des journées de tendreffe qu'elle avoit paffées avec lui. Elle laiffa tomber quelques larmes que le Calife obferva, & dit même tout haut & par inadvertance: hélas! mon doux coufin, que deviendrez-vous! A ces mots Vathek fronça les fourcils, & Carathis s'écria; que fignifie tout ceci? qu'a-t-elle dit? Elle donne mal à propos un foupir à un petit garçon aux yeux langoureux & aux douces treffes qui l'aimoit, répondit le Calife. Où eft-il? répartit Carathis; il faut

que

que je fasse connoissance avec ce joli enfant ; car, poursuivit-t-elle tout bas, j'ai dessein avant que de partir, de me remettre en grace avec le Giaour ; il n'y aura rien de plus appétissant pour lui que le cœur d'un enfant délicat, qui s'abandonne aux premieres impulsions de l'amour.

Vathek, en sortant du bain, donna ordre à Bababalouk d'aller rassembler ses femmes, les autres meubles de son Harem, ses troupes, & de tenir tout prêt pour partir dans trois jours. Quant à Carathis, elle se retira seule dans une tente, où le Giaour l'amusa avec des visions encourageantes. A son réveil, elle trouva à ses pieds Narkés & Cafour, qui, par leurs signes, lui apprirent qu'ayant mené Alboufaki aux bords d'un petit lac pour y brouter une mousse grise, qui leur paroissoit passablement vénimeuse, elles avoient vu des poissons bleuâtres, du genre de ceux qui étoient dans le réservoir au haut de la tour de Samarah. Ah ! ah ! dit-elle, je veux aller sur les lieux à l'instant même ; ces poissons, sans doute, sont d'une espece, qu'avec une petite opération,

je puis rendre oraculaires ; ils m'éclairci-
ront beaucoup de chofes, & fur-tout m'apprendront où eft ce petit Gulchenrouz que
je veux abfolument immoler ; auffitôt elle
partit avec fon noir cortege.

Comme on va vite dans les mauvaifes
entreprifes, Carathis & fes négreffes ne tar-
derent pas d'arriver au lac où elles fe mirent à brûler des drogues magiques dont
elles étoient toujours munies. Enfuite, fe
déshabillant toutes nues, elles entrerent
dans l'eau jufqu'au col. Narkés & Cafour
fecouoient des torches enflammées, & Carathis prononçoit des mots barbares. Tous
les poiffons mirent la tète hors de l'eau,
qu'ils agitoient fortement avec leurs na-
geoires ; enfin, contraints par la puiffance
du charme, ils ouvrirent des bouches pitoyables, & dirent tous à la fois : nous vous
fommes dévoués depuis la tète jufqu'à la
queue ; que voulez-vous de nous ? Poiffons, dit-elle, je vous conjure par vos
brillantes écailles de me dire où eft le petit
Gulchenrouz ? De l'autre côté de ce rocher. Madame, répondirent tous les poif-

fons en chœur : êtes-vous contente, car nous ne le fommes pas du tout de tenir ainfi la bouche ouverte ? Oui , repartit la Princeffe, je vois bien que vous n'êtes pas accoutumés à de longs difcours; je vous laifferai en repos, quoique j'aie bien d'au‑ tres queftions à vous faire : fur cela , l'eau devint calme & les poiffons difparurent.

Carathis, remplie du venin de fes pro‑ jets, enjamba tout de fuite le rocher, & vit fous une feuillée l'aimable Gulchenrouz qui dormoit, tandis que les deux nains veilloient à fes côtés, & marmotoient leurs oraifons. Ces petits perfonnages avoient le don de deviner quand quelque ennemi des bons Mufulmans approchoit, ainfi ils fen‑ tirent venir Carathis , qui s'arrêtant tout court, fe difoit à elle-même; comme il pan‑ che mollement fa petite tête ! comme il eft langoureux & blème! c'eft précifément l'en‑ faut qu'il me faut. Les nains interrom‑ pirent ces belles réflexions en fe jetant fur elle, & en l'égratignant de toutes leurs forces. Narkés & Cafour prirent auffitôt la défenfe de leur maîtreffe, & fe mirent à

pincer les nains fi fortement qu'ils en rendirent l'ame, en priant Mahomet de faire
tomber fa vengeance fur cette méchante
femme & fur toute fa famille.

Au bruit que·cet étrange combat faifoit
dans le vallon, Gulchenrouz s'éveilla, &
faifi d'épouvante, fit un furieux bond & fauta
fur un vieux figuier qui croifloit au bas
des rochers, & de là gagnant leurs cimes,
fe mit à courir fans s'arreter pendant deux
heures. Il tomba enfin comme mort entre
les bras d'un bon vieux génie, qui, chérif-
fant beaucoup les enfans, s'occupoit entiérement à les protéger: c'étoit lui, qui faifant fa ronde dans les airs, avoit fondu fur
-le cruel Giaour lorfqu'il grommeloit dans
fon horrible fente, & lui avoit enlevé les
cinquante petits garçons que Vathek avoit
eu l'impiété de lui facrifier. Il éduquoit
toutes ces jolies créatures dans des nids éle-
vés au-deffus des nuages, & faifoit lui-même fon habitation dans un nid plus grand
que tous les autres enfemble, dont il avoit
chaflé les Rocks qui l'avoient conftruit.

Ces fûrs afyles étoient défendus contre

les Dives & les Afrites par des banderolles
flottantes fur lefquelles étoient écrits en caracteres d'or, qui brilloient comme l'éclair,
les noms d'Allah & du Prophète. Ce fut
alors que Gulchenrouz, qui n'étoit pas encore défabufé fur fa prétendue mort, fe
crut dans les demeures d'une paix éternelle.
Il fe laiffoit aller fans crainte aux careffes
de fes petits amis, qui fe raffembloient tous
dans le nid du vénérable Génie, & qui, à
l'envi l'un de l'autre, baifoient fon front
uni, & fes belles paupieres. C'eft là qu'il
trouva fa véritable place, éloigné des tra-
cafferies de la terre, de l'impertinence des
Harems, de la brutalité des Eunuques &
de l'inconftance des femmes. Dans cette fociété paifible, les jours, les mois, les an-
nées s'écoulerent : heureux ainfi que fes
compagnons! car le génie, au lieu de com-
bler fes pupiles de périffables richeffes &
de vaines connoiffances de ce bas monde,
les gratifioit du don d'une perpétuelle enfance.

Carathis, qui n'étoit pas accoutumée à
voir échapper fa proie, fe mit dans une co-

lere épouvantable contre les négreffes, qu'elle accufoit de n'avoir pas faifi l'enfant tout
de fuite, & de s'être amufée à pincer juf-
ques à la mort de petits nains qui ne figni-
fioient rien. Elle revint en grommelant dans
la vallée, & trouvant que fon fils n'étoit
pas encore levé d'auprès de fa belle, elle
paffa fa mauvaife humeur fur lui & fur
Nouronihar. Elle fe confoloit néanmoins
dans l'idée de partir le lendemain pour
Iftakhar, & par les bons offices du Giaour,
de faire connoiffance avec Eblis même ;
mais le deftin en avoit ordonné autrement.

Sur le foir, comme Carathis s'entrete-
noit avec Dilara qu'elle avoit fait venir,
& qui étoit fort de fon goût, Bababalouk
vint lui dire, que le ciel, du côté de Samarah paroiffoit fort embrafé, & fembloit
annoncer quelque chofe de funefte. Elle
fortit fur le champ, & prenant fes aftro-
labes, & fes inftrumens magiques, elle
mefura la hauteur des planetes, fit fes cal-
culs, & vit, à fon grand déplaifir, qu'il
y avoit une révolte formidable à Samarah; que Motarrekel profitant du dégoût

qu'on avoit pour fon frere, avoit foulevé le peuple ; s'étoit emparé du palais, & avoit mis le fiége devant la grande tour, où Marakanabad s'étoit retiré avec un petit nombre de ceux qui étoient reftés fideles à Vathek.

Quoi, s'écria-t-elle, je perdrois ma tour ! mes muets ! mes négreffes ! mes momies ! & fur-tout mon cabinet d'expériences, qui m'a couté tant de veilles ! & cela, fans favoir fi mon étourdi de fils viendra à bout de fon aventure ! Non, je n'en ferai pas la dupe ; je pars dans l'inftant pour fecourir Morakanabad par mon art redoutable, & faire pleuvoir des cloux & des ferrailles ardentes fur les confpirateurs. J'ouvrirai mes magazins de ferpents & de torpedes, qui font fous les grandes voûtes de la tour, & nous verrons s'ils tiendront bon contre ces affamés affaillans.

En parlant ainfi, Carathis court à fon fils qui banquetoit tranquillement avec Nouronihar dans fon beau pavillon incarnat. Goulu, que tu es, lui dit-elle, fans ma vigilance tu ne ferois bientôt que le

commandeur des tourtes; tes croyans ont
renié la foi qu'ils t'avoient jurée; Motarrekel, ton frere, regne dans ce moment
fur la colline des chevaux pies; & fi je
n'avois pas quelques petites reſſources dans
notre tour, il ne lácheroit priſe de fitôt.
Mais pour ne pas perdre du temps, je ne
te dirai plus que quatre mots. Plie tes
tentes & pars ce ſoir même, & ne t'arrête
nulle part à baliverner. Quoique tu ayes
manqué aux conditions du parchemin, j'ai
encore quelque eſpérance ; car il faut
avouer que tu as fort joliment violé les
loix de l'hoſpitalité, en féduifant la fille
de l'Emir, après avoir mangé de ſon ſel
& de ſon pain. Ces ſortes de manieres là
ne peuvent que plaire au Giaour ; & fi
tu fais en route encore quelque petit crime, tout ira bien, & tu entreras en triomphe dans le palais de Suleïmàn. Adieu,
Alboufaki & mes négreſſes m'attendent à
la porte.

Le Calife n'eût pas le mot à répondre
à tout celà ; il ſouhaita un bon voyage
à ſa mere, & finit ſon ſouper. A minuit

on décampa au bruit des fanfares & des trompettes; mais on avoit beau tymbaler, on ne pouvoit s'empêcher d'entendre les cris de l'Emir & de fes barbons qui, à force de pleurer, étoient devenus aveugles, & n'avoient pas un poil de refte. Nouro-nihar, à qui cette mufique faifoit de la peine, fut fort aife quand elle ne fut plus à portée de l'ouir. Elle étoit avec le Calife dans la litiere impériale, & ils s'amufoient à fe repréfenter toutes les magnificences dont ils devoient bientôt être entourés. Les au-tres femmes étoient bien triftement dans leurs cages, & Dilara prenoit patience, dans la penfée qu'elle alloit avoir la fatis-faction de célébrer les rites du feu facré, fur les auguftes terraffes d'Iftakhar...

En quatre jours, on fe trouva dans la riante vallée de Rocnabad. Le printemps étoit dans toute fa vigueur, & les bran-ches grotefques des amandiers en fleurs, fe découpoient fur l'azur d'un ciel étin-celant. La terre jonchée d'hyacinthes & de jonquilles, exhaloit une odeur qui portoit dans l'ame une fainte tranquillité : des mil-

lions d'abeilles, & prefqu'autant de Santons, faifoient là leur demeure. On voyoit
alternativement rangés fur les bords du
ruiffeau, des ruches & des oratoires, dont
la propreté & la blancheur étoient relevées
par le verd-brun des hauts cyprès qui les
ombrageoient. Ces pieufes gens s'amufoient
à cultiver de petits jardins, remplis de
fruits, & fur-tout de melons mufqués, les
meilleurs de la Perfe. Quelquefois on les
voyoit épars dans la prairie, s'amufer à donner à manger à des paons plus blancs que la
neige, & à des tourterelles azurées. Ils étoient
ainfi occupés, quand les avant-coureurs du
cortégo impérial fe mirent à crier à haute
voix : habitans de Rocnabad, profternez-
vous fur les bords de vos claires eaux,
& rendez grace au ciel qui va vous laiffer
voir un rayon de fa gloire; car voici le
commandeur des croyants qui approche.

Les pauvres Santons, remplis d'un faint
empreffement, fe hâtèrent d'allumer des cierges dans tous les oratoires; déployerent
leur alcoran fur leurs lutrins d'ebene,
& allerent au devant du Calife, avec de

petits paniers pleins de figues, de miel & de
melons. Pendant qu'ils s'avançoient en proceffion & à pas comptés, les chevaux, les
chameaux & les gardes, faifoient un horrible dégât parmi les tulipes, & les autres
fleurs ; les Santons ne pouvoient s'empêcher de jeter un œil de pitié fur ces rava-
ges, pendant qu'ils regardoient le Calife,
& le ciel de l'autre. Nouronihar, enchantée
de ces beaux lieux qui lui rappelloient les
aimables folitudes de fon enfance, pria Vathek de s'arrêter ; mais ce Prince, penfant
que tous ces petits oratoires pourroient paffer pour une habitation dans l'efprit du
Giaour, ordonna à fes prifonniers de les
abbatre. Les Santons refterent pétrifiés dans
le temps qu'on exécutoit cet ordre barbare ;
ils pleuroient de fi mauvaife grace, que Vathek les fit chaffer à coups de pied par fes
Eunuques. Alors, il defcendit de fa litiere
avec Nouronihar ; & ils fe promenerent dans
la prairie, tout en cueillant des fleurs &
fe difant des gaillardifes : mais les abeilles,
qui étoient bonnes Mufulmanes, fe crurent
obligées de venger la querelle de leurs

chers maîtres, les Santons, & s'acharne-
rent à les piquer de maniere, qu'ils furent
fort heureux que leurs tentes se trouvaf-
fent dans cet inftant prètes à les recevoir.

Bababalouk, qui avoit bien pris garde à
l'embonpoint des paons & des tourterelles,
en ſit mettre tout de ſuite quelques douzaines à la broche, & autant en fricaſſées.
On mangeoit, on rioit, on trinquoit, on
blafphèmoit à plaiſir, quand tous les Moullahs, tous les Sheiks, tous les Cadis, &
tous les Imans de Shiraz, qui n'avoient
pas apparemment rencontré les Santons,
arriverent avec des ânes parés de guirlan-
des, de rubans & de ſonnettes d'argent,
& chargés de tout ce qu'il y avoit de meil-
leur dans le pays. Ils préſenterent leurs
offrandes au Calife, en le ſuppliant d'ho-
norer leur ville & leurs Moſquées de ſa
préſence. Oh! pour cela, dit Vathek, vous
ne m'y tenez pas ; je m'en gârderai bien :
j'accepte vos préſens, & vous prie de me
laiſſer tranquille ; car je n'aime pas à réſiſter
à la tentation.

Retirez vous donc ; mais comme il n'eſt

pas décent que des gens si respectables que
vous l'êtes, s'en retournent à pied, & comme vous avez la mine d'être d'assez mauvais cavaliers, mes Eunuques vous lieront
sur vos ânes; & prendront bien garde que
vous ne me tourniez pas le dos; car ils
savent l'étiquette. Il y avoit parmi eux de
vigoureux Cheiks, qui, croyant que Vathek étoit fou, en dirent tout haut leur
opinion; mais Bababalouk prit soin de les
faire garrotter à doubles cordes; & puis
fouettant tous les ânes avec des faisceaux
d'orties, les fit partir avec une rapidité qui
ne leur étoit point naturelle, tout en ruant
& s'entrechoquant de la manière la plus
plaisante du monde.

Nouronihar & son Calife, jouissoient,
à l'envi l'un de l'autre, de cet indigne spectacle; ils faisoient de longs éclats de rire
en voyant les vieillards tomber avec leur
monture dans le ruisseau; les uns devenant
boiteux, d'autres manchots, ou breche-
dents, ou quelque chose de pis encore.

On passa deux jours fort délicieusement
à Rocnabad, sans y être troublé par de nou-

velles ambaffades ; & puis on fe remit en marche, laiffant Shiraz à la droite, & tirant vers une grande plaine d'où l'on découvroit, à l'extrémité de l'horifon, les noirs fommets des montagnes d'Iftakhar.

A cette vûe, le Calife & Nouronihar ne pouvant contenir les tranfports de leur ame, fauterent de la litiere en bas pour quelques inftans, & fe mirent à faire des exclamations qui étonnerent fort tous ceux qui étoient à portée de les entendre. Ils fe difoient les uns aux autres : eft-ce que nous allons dans des palais rayonnants de lumiere, ou dans des jardins plus délicieux que ceux de Sheddad ! Les pauvres mortels ! ils fe répandoient ainfi en conjectures ; mais ils ne fauroient pénétrer dans l'abime des fecrets du Tout-puiffant.

Les bons génies, qui veilloient encore un peu fur la conduite de Vathek, fe rendirent dans le feptieme ciel auprès de Mahomet, & lui dirent ; miféricordieux Prophète, tendez vos bras propices à votre vicaire, ou il va tomber fans reffource dans les piéges, que les Dives nos ennemis lui ont dreſſé. Le Giaour l'attend dans l'abominable palais du feu ſouterrain, où, s'il met le pied, il eſt perdu ſans retour. Mahomet d'un ton d'indignation répondit : Il n'a que trop mérité d'etre laiſſé à lui - même pour ſon châtiment ; mais je conſens que vous faſſiez encore un effort pour le détourner de ſon entrepriſe.

Un des bons génies, ſans perdre de temps, prit la figure d'un berger, plus renommé pour ſa piété que tous les Derviches & les Santons du pays ; il ſe mit auprès d'un troupeau de brebis blanches ſur la pente d'une petite colline, & il commença à jouer ſur un inſtrument inconnu, des airs dont la touchante mélodie pénétroit l'ame, réveilloit les remords, & chaſſoit toute penſée frivole. A ces ſons ſi énergiques, le ſoleil ſe couvrit d'un ſombre nuage, & les eaux des deux petits lacs, naturellement plus claires que le criſtal, devinrent rouges comme du ſang. Tous ceux qui compoſoient le pompeux cortege furent attirés, comme malgré eux, du côté de la colline ; tous baiſſerent les yeux, & reſterent conſternés ;

chacun fe reprochoit le mal qu'il avoit fait.
Le cœur battoit à Dilara ; & le chef des
Eunuques, d'un air contrit, demandoit pardon aux femmes de les avoir fouvent tour-
mentées pour fa propre fatisfaction.

Vathek & Nouronihar, pâliffoient dans
leur litiere, & fe regardant d'un œil hagard,
fe reprochoient à eux-mêmes, l'un, mille
crimes des plus noirs ; mille projets d'une
ambition impie, & l'autre, la défolation
de fa famille, & la perte de Gulchenrouz.
Nouronihar croyoit entendre dans cette fatale mufique, les cris de fon pere expirant,
& Vathek, les fanglots des cinquante enfans
qu'il avoit facrifiés au Giaour. Dans ces an-
goiffes, ils étoient toujours entraînés vers
le berger, qui avoit quelque chofe de fi impofant dans la phifionomie que, pour la
premiere fois de fa vie, Vathek perdit
contenance, tandis que Nouronihar fe ca-
choit le vifage avec les mains. La mufique ceffa, & le génie adreffant la parole au
Calife, lui dit ; Prince infenfé, à qui la Providence a confié le foin des peuples, eft-
ce ainfi que tu répons à ta miffion ! tu as
mis

mis le comble à tes crimes ; te hâtes-tu à
préfent de courir à ton châtiment! Tu fais
qu'au delà de ces montagnes, Eblis & fes
Dives maudits tiennent leur funefte empire ;
& féduit par un malin fantôme, tu vas te
livrer à eux! C'eft ici le dernier inftant de
grace qui t'eft donné! abandonne ton atroce
deffein, retourne fur tes pas! rends Nouronihar à fon pere qui a encore quelques reftes de vie! détruis ta tour avec toutes fes
abominations! chaffe Carathis de tes confeils! fois jufte envers tes fujets! refpecte
les miniftres du Prophète! repare tes im-
piétés par une vie exemplaire, & au lieu
de paffer tes jours dans les voluptés, va
pleurer tes crimes fur les tombeaux de tes
pieux ancètres! Vois tu ces nuages qui te
cachent le foleil : au moment que cet aftre reparoîtra, fi ton cœur n'eft pas changé,
le temps de la miféricorde fera paffé pour toi.

Vathek, faifi de crainte & chancelant,
étoit fur le point de fe profterner devant
le berger qu'il fentit bien devoir être d'une
nature fupérieure à l'homme ; mais fon orgueil l'emporta, & levant audacieufement

M

la tête, il lui lança un de ſes terribles regards. Qui que tu·ſois, lui dit-il, ceſſe de
me donner d'inutiles avis : ou tu veux me
tromper, ou tu te trompes toi-même. Il ne
ſauroit y avoir pour moi un moment de
grace, ſi ce que j'ai fait eſt auſſi criminel
que tu le prétens. J'ai nagé dans une mer
de ſang, pour arriver à une puiſſance qui
fera trembler tes ſemblables ; ne te flatte
pas que je recule à la vue du port, ni que
je quitte celle qui m'eſt plus chere que la
vie & que ta miſéricorde. Que le ſoleil re-
paroiſſe, qu'il éclaire ma carriere ; il n'importe où elle finira. En diſant ces mots,
qui firent frémir le génie lui-même, il ſe
précipita dans les bras de Nouronihar, &
commanda qu'on forçât les chevaux de reprendre la grande route.

On n'eût pas de peine à exécuter cet ordre ; l'attraction avoit ceſſé ; le ſoleil avoit
repris tout l'éclat de ſa lumiere ; & le Berger avoit diſparu, en jetant un cri lamentable.

La fatale impreſſion de la muſique du
génie, étoit cependant reſtée dans le cœur

de la plûpart des gens de Vathek; ils se regardoient l'un l'autre avec effroi; dès la nuit même, presque tous s'échapperent, & il ne resta de ce nombreux cortege que le chef des Eunuques, quelques esclaves ido-lâtres, Dilara, & quelques autres femmes qui, comme elle, suivoient la religion des Mages.

Le Calife, dévoré par l'ambition de don-ner des loix aux Intelligences ténébreuses, s'embarassa peu de cette désertion. Le bouil-lonnement de son sang l'empêchant de dor-mir, il ne campa plus comme à l'ordinaire. Nouronihar, dont l'impatience surpassoit, s'il se peut, la sienne, le pressoit de hâter sa marche, & lui prodiguoit mille tendres caresses pour l'étourdir. Elle se croyoit déjà plus puissante que Balkis, & s'imaginoit voir les génies prosternés devant l'estrade de son trône. Ils s'avancerent ainsi au clair de la lune jusqu'à la vue de deux rochers élancés, qui formoient comme un portail, à l'entrée du vallon dont l'extrémité étoit ter-minée par les vastes ruines d'Istakhar. Pres-qu'au sommet de la montagne, on découvroit

la façade de plusieurs sépulcres de Rois, dont
les ombres de la nuit augmentoient l'horreur. On passa par deux bourgades presque
entiérement désertes ; il n'y restoit plus
que deux ou trois foibles vieillards, qui,
en voyant les chevaux & les litiéres, se
mirent à genoux ! Ciel : s'écrierent-ils, est-
ce encore ici de ces fantômes qui nous tour-
mentent depuis six mois ! hélas ! nos gens
effrayés de ces étranges apparitions & du
bruit qu'on entend sous les montagnes ,
nous ont laissés ici tous seuls, & à la merci
des esprits malfaisans. Le Calife , à qui ces
plaintes sembloient de mauvais augure, fit
passer ses chevaux sur les corps des pauvres vieillards, & arriva enfin au pied de
la grande terrasse de marbre noir. Là, il
descendit de sa litiére avec Nouronihar :
tous deux, le cœur palpitant, & portant des
regards égarés sur tous les objets, attendoient avec un tressaillement involontaire,
l'arrivée du Giaour ; mais rien ne l'annonçoit encore.

Un silence funebre regnoit dans les airs
& sur la montagne. La lune réfléchissoit sur

la grande plate-forme, l'ombre des hautes
colomnes qui s'élevoient de la terrasse presf-
que jufqu'aux nues. Ces triftes phares dont
le nombre pouvoit à peine fe compter ,
n'étoient couverts d'aucun toit; & leur cha-
piteaux, d'une architecture inconnue dans
les annales de la terre , fervoient de retraite
aux oifeaux nocturnes, qui, alarmés à l'approche de tant de monde, s'enfuirent en
croaffant.

Le chef des Eunuques, tranfi de peur,
fupplia Vathek de permettre qu'on allumât
du feu, & qu'on prit quelque nourriture.
Non, non, répondit-il, il n'eft plus temps
de penfer à ces fortes de chofes: refte où
tu es, & attens mes ordres. En difant ces
mots d'un ton ferme, il préfenta la main à
Nouronihar, & montant les degrés d'une
vafte rampe, parvint fur la terrasse qui étoit
pavée de carreaux de marbre, & femblable
à un lac uni, où nulle herbe né peut croî-
tre. A la droite, étoient les phares rangés
devant les ruines d'un palais immenfe dont
les murs étoient couverts de diverfes figu-
res. En face, on voyoit les ftatues gigantef-

ques de quatre animaux qui tenoient du grifon & du léopard, & qui infpiroient de l'effroi. Non loin d'eux, on pouvoit diftinguer, à la clarté de la lune, qui donnoît particuliérement fur cet endroit, des caracteres femblables à ceux qui étoient fur les fabres du Giaour : ils avoient la même vertu de changer à chaque inftant ; ils fe fixerent enfin en des lettres Arabes, & le Calife y lut ces mots.

Vathek, tu as manqué aux conditions de mon parchemin, tu mériterois d'être renvoyé ; mais en faveur de ta compagne, & de tout ce que tu as fait pour l'acquérir, Eblis permet qu'on t'ouvre la porte de fon palais ; & le feu fouterrain te comptera parmi fes adorateurs. A peine avoit-il lu ces mots, que la montagne contre laquelle la terraffe étoit adoffée trembla, & que les phares femblèrent s'écrouler fur leurs têtes ; le rocher s'entr'ouvrit, & laiffa voir dans fon fein un efcalier de marbre poli, qui paroiffoit devoir toucher à l'abime. Sur chaque degré étoient pofés deux grands cierges, femblables à ceux que Nouronihar avoit vû dans fa vifion , & dont la vapeur camphrée s'élevoit en tourbillon fous la voûte.

Ce fpectacle , au lieu d'effrayer la fille de Fakreddin , lui donna un nouveau courage ; elle ne daigna pas feulement prendre congé de la lune & du firmament , & fans héfiter , quitta l'air pur de l'atmofphere pour fe plonger dans des exhalaifons infernales. La marche de ces deux impies , étoit fiere & décidée. En defcendant à la vive lumiere de ces flambeaux , ils s'admiroient l'un l'au- tre , & fe trouvoient fi refplendiffants , qu'ils fe croyoient déja des intelligences céleftes. Ce qui leur donnoit de l'inquiétude , étoit que les degrés ne finiffoient point. Comme ils fe hâtoient avec une ardente impatien- ce , leurs pas s'accélererent à un point , qu'ils fembloient tomber rapidement dans un précipice , plutôt que marcher. Ils furent arrêtés enfin , par un grand portail d'ébene que le Calife n'eût pas de peine à reconnoî- tre. C'étoit-là , que le Giaour l'attendoit avec une clef d'or à la main : foyez le bien venu en dépit de Mahomet & de toute fa

féquelle, leur dit-il, avec fon affreux fourire. A préfent, je vais vous introduire
dans ce palais, où vous avez fi bien acquis
une place. En difant ces mots, il toucha la
ferrure émaillée avec fa clef, & auffitôt les
deux battants s'ouvrirent avec un bruit plus
fort, que celui du tonnerre de la canicule,
& fe refermerent avec le même bruit dès le
moment qu'ils furent entrés.

Le Calife & Nouronihar fe regarderent
avec étonnement, en fe voyant dans un lieu
qui, quoique voûté, étoit fi fpacieux & fi
élevé, qu'ils le prirent d'abord pour une
plaine immenfe. Leurs yeux s'accoutumant
enfin, à la grandeur des objets, ils décou-
vrirent des rangs de colomnes & des arca-
des qui alloient en diminuant, & fe termi-
noient en un point radieux, comme le foleil lorfqu'il darde fur la mer fes derniers
rayons. Le pavé, femé de poudre d'or & de
faffran, exhaloit une odeur fi fubtile qu'ils
en furent comme étourdis. Ils avancerent
cependant, & remarquerent une infinité de
caffolettes où brûloient de l'ambre gris &
du bois d'aloës. Entre les colomnes, étoient

des tables couvertes d'une variété de mets
innombrables, & de toutes sortes de vins
qui pétilloient dans des vases de crystal.
Une foule de Ginns & autres Esprits folets
des deux sexes, dansoient lascivement par
bandes au son d'une musique, qui résou-
noit sous leurs pas.

Au milieu de cette salle immense, se pro-
menoient une multitude d'hommes & de
femmes, qui tous, tenant la main droite sur
leur cœur, ne faisoient attention à nul objet, & gardoient un profond silence. Ils
étoient tous pâles comme des cadavres, &
leurs yeux enfoncés dans leurs têtes, res-
sembloient à ces phosphores qu'on apper-
çoit la nuit dans les cimetieres. Les uns
étoient plongés dans une profonde revêrie,
les autres écumoient de rage, & couroient
de tous côtés comme des Tigres blessés
d'un trait empoisonné. Tous s'évitoient, &
quoiqu'au milieu d'une foule, chacun erroit
au hazard, comme s'il avoit été seul.

A l'aspect de cette funeste compagnie,
Vathek & Nouronihar se sentirent glacés
d'effroi; ils demanderent avec importunité

au Giaour, ce que tout cela fignifioit, &
pourquoi tous ces fpectres ambulants n'ô-
toient jamais leur main droite de deffus
leur cœur. Ne vous embarraffez pas de tant
de chofes à l'heure qu'il eft, leur répondit-
il brufquement, vous faurez tout dans peu.
Hâtons - nous de nous préfenter devant
Eblis. Ils continuerent donc à marcher à
travers tout ce monde ; mais malgré leur
premiere affurance, ils n'avoient pas le courage de faire attention aux perfpectives des
falles, & des galeries qui s'ouvroient à
droite & à gauche : elles étoient toutes éclai-
rées par des torches ardentes, & par des bra-
fiers dont la flamme s'élevoit en pyramide,
jufqu'au ceintre de la voûte. Ils arriverent
enfin, en un lieu où de longs rideaux de
brocard cramoifi & or, tomboient de toutes
parts dans une confufion impofante. Là on
n'entendoit plus les chœurs de mufique ni
les danfes ; la lumiere qui y pénétroit fembloit venir de loin.

Vathek & Nouronihar fe firent enfin
jour, à travers ces draperies, & entrerent
dans un vafte tabernacle tapiffé de peaux

de léopards. Un nombre infini de vieillards à longues barbes , d'Afrites en complèttes armures, étoient profternés devant les degrés d'une eftrade au haut de laquelle, fur un globe de feu , paroiffoit affis le redoutable Eblis. Sa figure étoit celle d'un jeune homme de vingt ans , dont les traits nobles & réguliers , fembloient avoir été ternis par des vapeurs malignes. Dans fes grands yeux , le défefpoir & l'orgueil étoient peints ; fa chevelure ondoyante tenoit encore un peu de celle d'un ange de lumiere : dans fa main délicate , mais noircie par la foudre , il tenoit le fceptre d'airain qui fait trembler le monftre Ouranbad , les Afrites, & toutes les puiffances de l'abime. A cette vue , le Calife perdit toute contenance , & pour la premiere fois de fa vie , il fe profterna la face contre terre : Nouronihar, quoi-qu'éperdue, ne pouvoit s'empêcher d'admirer la forme d'Eblis ; car elle s'étoit attendue à voir quelque géant effroyable. Eblis d'une voix plus douce qu'on n'auroit pû la fuppofer ; mais qui portoit la noire mélancolie dans l'ame , leur dit : créatures d'argile, je vous reçois dans mon empire, vous êtes du nombre de mes adorateurs ; jouissez de tout ce que ce palais offre à votre vue ; des trésors des Sultans préadamites, de leurs sabres foudroyants & des talismans, qui forceront les Dives à vous ouvrir les souterrains de la montagne de Caf, qui communiquent à ceux-ci. Là, vous trouverez de quoi contenter votre curiosité insatiable ; il ne tiendra qu'à vous de pénétrer dans la forteresse d'Aherman, & dans les salles d'Argenk où sont dépeintes toutes les créatures raisonnables, & les animaux qui ont habité la terre, avant la création de cet être méprisable que vous appellez le Pere des hommes.

Vathek & Nouronihar se sentirent consolés & rassurés par cette harangue, ils dirent avec vivacité au Giaour : conduisez-nous bien vite au lieu où sont ces talismans précieux. Venez, répondit ce méchant Dive, avec sa grimace maligne ; venez, vous posséderez tout ce que notre maître vous promet, & bien davantage. Alors il leur fit enfiler une longue allée, qui communi-

quoit au tabernacle ; il marchoit le premier
à grands pas , & ſes malheureux diſciples
le ſuivoient avec joie. Ils arriverent à une
ſalle ſpacieuſe , couverte d'un dôme fort
élevé , autour de laquelle on voyoit cinquante portes de bronze , fermées avec des
cadenats d'acier. Il regnoit en ce lieu une
obſcurité funebre ; là , ſur des lits d'un cé-
dre incorruptible , étoient étendues les fi-
gures décharnées des fameux Rois préadamites , qui avoient été Monarques univer-
ſels ſur la terre. Ils avoient encore aſſez de
vie pour connoître leur déplorable état ;
leurs yeux ne conſervoient qu'un triſte mouvement ; ils s'entre-regardoient languiſſam-
ment l'un l'autre , & tenoient tous la main
droite ſur leurs cœurs. On voyoit à leur
pieds des inſcriptions qui retraçoient les
événemens de leur regne , leur puiſſance ,
leur orgueil & leurs crimes. Soliman Raad,
Soliman Daki , & Soliman dit Gian-Ben-
Gian , qui après avoir enchaîné les Dives
dans les ténébreuſes cavernes de Caf, devinrent ſi préſomptueux , qu'ils douterent de
la Puiſſance ſuprême , tenoient là un rang

diftingué; mais non pas comparable à celui
du Prophète Soleïman Ben Daoud.

Ce Roi fi renommé par fa fageffe, étoit
fur la plus haute eftrade, & immédiatement
placé fous le dôme. Il paroiffoit avoir plus
de vie que les autres, & quoiqu'il pouffât,
de temps en temps de profonds foupirs ,
& tint la main droite fur fon cœur, comme
fes compagnons, fon vifage étoit plus ferein ; & il fembloit attentif au bruit d'une
cataracte d'eau noire, qu'on entrevoyoit à
travers l'une des portes qui étoit grillée.
Ce bruit étoit le feul qui interrompit le
filence de ces lieux lugubres. Une rangée
de vafes d'airain, entouroit l'eftrade. Ote
les couvercles de ces dépôts cabaliftiques,
dit le Giaour à Vathek, & prens les talifmans , qui briferont toutes ces portes de
bronfe, & te rendront le maître, non-feulement des tréfors qui y font renfermés,
mais auffi des efprits qui en ont la garde.

Le Calife, que cet appareil finiftre avoit
entiérement déconcerté, s'approcha des vafes en chancelant, & penfa expirer de terreur, quand il entendit les gémiffemens de

Suleïman, que dans fon trouble, il avoit
pris pour un cadavre. Il avançoit, lorfqu'u-
ne voix fortant de la bouche livide du Prophète, articula ces mots : " Pendant ma vie,
j'occupai un trône magnifique, ayant à
ma droite douze mille fieges d'or, où les
Patriarches & les Prophètes écoutoient ma
doctrine ; à ma gauche, les fages & les Docteurs, fur autant de trônes d'argent, affif-
toient à mes jugements. Tandis qu'ainfi je
rendois juftice à des multitudes innombrables, les oifeaux voltigeant fans ceffe
fur ma tète, me fervoient de dais contre
les ardeurs du foleil. Mon peuple fleurif-
foit ; mes Palais s'élevoient jufqu'aux nues.
Je bâtis un temple au Très-haut, qui fut
la merveille de l'Univers : mais je me laiffai
lâchement entrainer par l'amour des femmes, & par une curiofité qui ne fe bornoit pas aux chofes fublunaires. J'écoutai
les confeils d'Aherman, & de la fille de
Phaaron ; j'adorai le feu & les aftres, &
quittant la ville facrée, je commandai aux
génies de conftruire les fuperbes palais d'Iftakhar & la terraffe des Phares, dont cha-

cun étoit dédié à une étoile. Là, pendant un temps, je jouis en plein de la splendeur du trône & des voluptés. Non-seulement les hommes, mais encore les Génies m'étoient soumis. Je commençois à croire, ainsi que l'ont fait ces malheureux Monarques qui m'entourent, que la vengeance célefte étoit assoupie, lorsque la foudre brisa mes édifices, & me précipita dans ce lieu : je n'y suis pas cependant, comme tous ceux qui l'habitent, entiérement dépourvu d'espérance. Un ange de lumiere m'a fait savoir, qu'en considération de la piété de mes jeunes ans, mes tourmens cesseront quand cette cataracte, dont je compte les gouttes, cessera de couler : mais hélas ! quand arrivera ce temps si désiré ? Je souffre ! je souffre ! un feu impitoyable dévore mon cœur " !

En disant ces mots, Suleïman éleva ses deux mains vers le ciel en signe de supplication, & le Calife vit que son sein étoit d'un cristal transparent, au travers duquel on découvroit son cœur brûlant dans les flammes. A cette terrible vue, Nouronihar tomba

tomba comme pétrifiée dans les bras de Vathek, qui s'écria en fanglotant : ô Giaour!
dans quel lieu nous as-tu conduits! laiffe-
nous-en fortir! je te tiens quitte de toutes
tes promeffes. O Mahomet! n'y a-t-il plus
de miféricorde pour nous! Non, il n'y en
a plus, répondit le malfaifant Dive ; fache, miférable Prince, que c'eft ici le féjour du défefpoir & de la vengeance. Ton
cœur fera embrafé comme celui de tous les
adorateurs d'Eblis ; peu de jours te font
donnés avant ce terme fatal ; emploie-les
comme tu voudras ; couche fur des mon-
ceaux d'or ; commande aux puiffances infernales ; parcours tous ces immenfes fou-
terrains à ton gré, aucune porte ne te fera
fermée ; quant à moi, j'ai rempli ma miffion, & je te laiffe à toi-même. En finif-
fant ces mots, il difparut.

Le Calife & Nouronihar refterent dans
un accablement mortel ; leurs larmes ne
pouvoient couler ; à peine pouvoient-ils fe
foutenir ; enfin ils fe prirent triftement par
la main, & fortirent en chancelant de cette
falle funefte, fans favoir où ils alloient.

Toutes les portes s'ouvroient à leur approche ; les Dives se prosternoient devant leurs
pas ; des magasins de richesses se déployoient
à leurs yeux ; mais ils n'avoient plus, ni
curiosité, ni orgueil, ni avarice. Avec
la même indifférence, ils entendoient les
chœurs des Ginns, & voyoient les super-
bes repas qui étoient étalés de toutes parts.
Ils alloient errant de chambres en chambres, de salles en salles, d'allées en allées,
tout autant de lieux sans bornes & sans li-
mites, tous éclairés par une sombre lueur,
tous parés avec la même triste magnificence, tous parcourus par des gens qui cherchoient le repos & le soulagement ; mais
qui les cherchoient en vain, puisqu'ils portoient par-tout un cœur tourmenté dans les
flammes. Evités de tous ces malheureux
qui, par leurs regards, sembloient se dire
les uns aux autres ; c'est toi qui m'as sé-
duit, c'est toi qui m'as corrompu, ils se tenoient à l'écart, & attendoient, dans une
angoisse cruelle, le moment qui devoit les
rendre semblables à ces objets de terreur.

Quoi, disoit Nouronihar, le temps vien-

dra-t-il que je retirerai ma main de là tienne? Ah! difoit Vathek, eſt-ce que jamais
mes yeux ceſſeront de puiſer à longs traits
la volupté dans les tiens? Eſt-ce que les
doux momens que nous avons paſſés enſemble me feront en horreur? Non, ce n'eſt
pas toi qui m'as mené dans ce lieu déteſta-
ble; ce font les principes impies par leſ-
quels Carathis a perverti ma jeuneſſe, qui
m'ont perdu & ont cauſé ma perte; ah!
que dù moins elle ſouffre avec nous. En
diſant ces douloureuſes paroles, il appella
un Afrite qui attiſoit un des braſiers, &
lui ordonna d'aller enlever la princeſſe Carathis du palais de Samarah, & de la lui
amener.

Après avoir donné cet ordre, le Calife
& Nouronihar continuerent à marcher dans
la foule filencieuſe, juſqu'à ce qu'ils enten-
dirent parler au bout d'une galerie. Préſu-
mant que c'étoit des malheureux qui, comme eux, n'avoient pas encore reçu leur ar-
rêt final, ils ſe dirigerent fur le fon des
voix qu'ils entendoient, & trouverent qu'elles partoient d'une petite chambre carrée,

où sur des sophas étoient assis cinq jeunes hommes de bonne mine & une belle femme, qui s'entretenoient tristement à la lueur d'une seule lampe. Ils avoient tous l'air morne & abbatu; & deux d'entr'eux s'embrassoient avec beaucoup d'attendrissement. En voyant entrer le Calife & la fille de Fakreddin, ils se leverent civilement, les saluerent & leur firent place. Ensuite celui qui paroissoit le plus distingué de la compagnie, s'adressant au Calife, lui dit: Etranger, qui sans doute êtes dans la même horrible attente que nous, puisque vous ne portés pas encore la main droite sur votre cœur; si vous venez passer avec nous les horribles momens qui doivent s'écouler jusques à notre commun châtiment, daignez nous raconter les ayantures qui vous ont conduits en ce lieu fatal, & nous vous apprendrons les nôtres, que ne méritent que trop d'être entendues. Se retracer ses crimes, quoiqu'il ne soit plus temps de s'en repentir, est la seule occupation qui convienne à des malheureux comme nous.

Le Calife & Nouronihar consentirent à

cette propofition, & Vathek prenant la parole, fe mit à leur faire, non fans pleurs
& gémiffemens, un fincere récit de tout ce
qui lui étoit arrivé. Lorfqu'il eut fini fa
pénible narration, le jeune homme qui lui
avoit parlé commença la fienne de la maniere fuivante.

Hiftoire des deux princes amis, *Alafi* &
Jironz, enfermés dans le palais fouterrain.

Hiftoire du prince *Kalilah* & de la princeffe *Zulkais*, fa fœur, emfermés dans le
palais fouterrain.

Hiftoire du prince *Berkiarokh* enfermé
dans le palais fouterrain.

Hiftoire du prince . . . . . . enfermé dans
le palais fouterrain.

Le quatrieme prince en étoit au milieu
de fon récit, quand il fut interrompu par
un bruit qui fit trembler & entr'ouvrir la
voûte. Bientôt après, une vapeur fe diffi-
pant peu-à-peu, laiffa voir Carathis fur le
dos de l'Afrite qui fe plaignoit horriblement de fon fardeau. Elle fauta bien vite
à terre, & s'approchant de fon fils, lui
dit, que fais tu ici dans cette petite cham-

bre carrée! En voyant que les Dives t'o-
beiffent, j'ai crû que tu étois placé fur le
trône des Rois préadamites.

Femme exécrable, répondit le Calife,
que maudit foit le jour où tu m'as mis au
monde. Va, fuis cet Afrite ; qu'il te mene
dans la falle du Prophète Suleïman ; là tu
apprendras à quoi eft deftiné ce palais qui
t'a paru fi défirable, & combien je dois
abhorrer les impies connoiffances que tu
m'as données.

La puiffance où tu es parvenu, t'a-t-elle
tourné la tète, repliqua Carathis ; mais je
ne demande pas mieux que de rendre mes
hommages à Suleïman, le Prophète. Il faut
pourtant que tu faches que l'Afrite m'ayant
dit que tu ne retournerois pas non plus que
moi à Samarah, je l'ai prié de me laiffer
mettre ordre à mes affaires, & qu'il a eu
la politeffe d'y confentir. Je n'ai pas manqué de mettre à profit ces inftans ; j'ai mis
le feu à notre tour où j'ai brûlé tout vifs
les muets, les négreffes & les ferpens qui
pourtant m'avoient rendu beaucoup de fervices ; & j'en aurois fait autant à Moraka-

nabad, s'il ne m'avoit pas abandonné pour
ton frere Motavakel. Quant à Bababalouk,
qui avoit eu la fottife de retourner à Samarah, & tout bonnement, d'y trouver des
maris pour tes femmes, je l'aurois mis à
la torture fi j'en avois eu le temps; mais
comme j'étois preffée, je l'ai feulement fait
pendre, après lui avoir tendu un piége pour
l'attirer auprès de moi, auffi bien que les
femmes que j'ai fait enterrer toutes vivan-
tes par mes négreffes, qui ont ainfi employé
leurs derniers moments à leur grande fatis-
faction: pour Dilara, qui m'a toujours
plû, elle a montré fon efprit en fe mettant ici près au fervice d'un mage, & je
penfe qu'elle fera bientôt des nôtres.

Vathek étoit trop confterné pour exprimer l'indignation que lui caufoit un tel
difcours; il ordonna à l'Afrite d'éloigner
Carathis de fa préfence, & refta dans une
morne rêverie que fes compagnons n'ofe-
rent troubler.

Cependant Carathis pénétra brufquement
jufqu'au dôme de Suleïman; & fans faire
la moindre attention aux foupirs du Pro-

phète, ôta fans trembler les couvercles des vafes, & s'empara des talifmans. Alors élevant une voix telle qu'on n'en avoit jamais entendue de fi forte dans ces lieux, elle força les Dives, à lui montrer les tréfors les plus reculés, les magafins les plus profonds, que l'Afrite lui-même n'avoit jamais vûs. Elle pafla par des defcentes bien roides qui n'étoient connues que d'Eblis & des plus puiffans de fes favoris, & perça par ces voutes jufqu'aux entrailles de la terre d'où fouffle le Sanfar, le vent glacé de la mort. Rien n'effrayoit fon cœur indomptable; elle trouvoit cependant dans tout ce monde qui portoit la main droite au cœur, une petite fingularité qui ne lui plaifoit pas. Comme elle fortoit d'un des abimes, Eblis fe préfenta à fes regards; mais malgré toute fa majefté impofante, elle ne perdit pas contenance, & lui fit même fon compliment avec beaucoup de préfence d'efprit.

Ce fuperbe Monarque lui répondit, Princeffe, dont les connoiffances & les crimes méritent un fiege élevé dans mon empire,

vous faites bien d'employer le loifir qui
vous refte; car les flammes & les tourmens
qui s'empareront dans peu de votre cœur,
vous donneront affez d'occupation. En difant ces mots, il fe perdit dans les draperies de fon tabernacle.

Carathis refta un peu interdite; mais ré-
folue de fuivre le confeil d'Eblis, elle raf-
fembla tous les chœurs des Ginns, & toutes les Dives pour en recevoir les hommages. Elle marchoit ainfi en triomphe, à
travers une vapeur de parfums, & aux acclamations de tous les efprits malins dont
la plupart étoient de fa connoiffance. Elle
alloit même détrôner un des Solimans pour
prendre fa place, quand une voix fortant
de l'abîme de la mort, cria, tout eft accom-
pli. Auffitôt le front orgueilleux de l'intré-
pide princeffe fe couvrit des rides de l'ago-
nie; elle pouffa un cri lamentable, & fon
cœur devint un brafier ardent, elle y porta
la main pour ne l'en retirer jamais.

Dans cet état de délire, oubliant toutes
fes vues ambitieufes & toute fa foif pour
les fciences qui doivent être cachées aux

mortels, elle renversa les offrandes que les Ginns avoient mis devant elle, & maudissant l'heure de sa naissance, & le sein qui l'avoit portée, elle se mit à courir pour ne jamais s'arrêter, ni goûter un moment de repos.

A peu près dans le même temps, la même voix avoit annoncé au Calife, à Nouronihar, aux quatre Princes & à la Princesse, le décret irrévocable. Leurs cœurs venoient de s'embraser, & ce fut alors qu'ils perdirent le plus précieux des dons du ciel, *l'espérance!* Ces malheureux s'étoient séparés les uns des autres en se jetant des regards furieux; Vathek ne voyoit plus dans ceux de Nouronihar que rage & que vengeance; elle ne voyoit plus dans les siens qu'aversion & désespoir. Les deux princes amis, qui, jusqu'à ce moment, s'étoient tenus tendrement embrassés, s'éloignerent en frémissant l'un de l'autre.

Kalilah & sa sœur se firent mutuellement un geste qui parut être une imprécation: les deux autres Princes témoignerent par des contorsions effroyables & des cris.

étouffés, l'horreur qu'ils avoient d'eux-mêmes: tous fe plongerent dans la foule maudite pour y errer dans une éternité de peines.

Tel fut, & tel doit être le châtiment des paffions effrénées, & des actions atroces; tel eft, & tel doit être celui de l'ambition aveugle qui veut pénétrer au-delà des bornes que le créateur a mifes aux connoiffances humaines, de l'ambition qui, voulant acquérir des fciences réfervées à de plus pures intelligences, n'acquiert qu'un orgueil infenfé, & ne voit pas que l'état de l'homme eft d'être humble & ignorant.

Ainfi le Calife Vathek, qui, pour parvenir à une pompe vaine & à une puiffance défendue, s'étoit noirci de mille crimes, fe vit en proie à des remords & à une douleur fans fin & fans bornes; ainfi l'humble, le méprifé Gulchenrouz paffa des fiecles dans la douce tranquillité, & le bonheur de l'enfance.

F I N

Explication de quelques mots.

Goule, efpéce de Vampire. — Voyez Hiftoire d'Aminé dans les mille & une
nuits.

Ginn, Génie.

Péris & Périffes, efpece de Fées mâles &
femelles.

Giaoar, Infidele.

This the first edition in French
preceeding that issued at Paris
the same year. This contains
the text translated by Henley. The
Paris text was revised and contains
some of Henley's notes. It lacks
the typlication on p. 204.

Mallarmé got it all mixed up —
the prefatory note wh he prints
in his introduction as from the
Paris ed. only being found in
this of Lausanne and not in
that of Paris.

www.ingramcontent.com/pod-product-compliance
Lightning Source LLC
Chambersburg PA
CBHW070623100426
42744CB00006B/588